Forensische Blutgruppenkunde

Einführung zum Verständnis von Vaterschaftsgutachten

von

Wilhelm Zimmermann

1975

Walter de Gruyter · Berlin · New York

SAMMLUNG GÖSCHEN 2400

Professor Dr. phil. Dr. med. *Wilhelm Zimmermann*
Direktor des Instituts für Hygiene und Mikrobiologie
der Universität des Saarlandes in Homburg/Saar

ISBN 3 11 004744 6

Vorbemerkung

Je mehr neue Methoden und neue Systeme zur Erstattung eines forensischen Blutgruppengutachtens angewendet werden, desto schwieriger wird es für Richter, Rechtsanwälte und die Vertreter der Jugendämter, ein Blutgruppengutachten kritisch zu lesen und ganz verstehen zu können. Darum bekommt man als Sachverständiger nicht selten zu hören: „Ich lese nur die Schlußfolgerung“. Es ist der Sinn dieser kleinen Schrift, die aus Vorträgen für Juristen entstanden ist, den Juristen im allgemeinen und den Richtern im besonderen zu helfen, ein Blutgruppengutachten mit Verständnis beurteilen zu können. Dazu gehört nicht nur die Kenntnis der Bedeutung der Symbole, sondern auch die der Gesetzmäßigkeiten der Vererbung und nicht zuletzt auch der Grenzen der forensischen Blutgruppengutachten.

Homburg, 1. 1. 1974

Wilhelm Zimmermann

Inhalt

„Blut ist ein ganz besondrer Saft"
Goethe: Faust I (Mephisto, Im Studierzimmer)

1. Allgemeine Beschreibung des Blutes

Blut ist eine rote Körperflüssigkeit, die aus einem flüssigen, gelblich gefärbten Anteil, dem Blutwasser oder *Serum*, und geformten Bestandteilen, nämlich den roten Blutkörperchen oder *Erythrocyten*, den weißen Blutkörperchen oder *Leukocyten* und anderem mehr besteht. Die Erythrocyten haben eine äußere Zellwand, die aus chemischen Bausteinen zusammengesetzt ist; im Innern dieser kleinen Behälter befindet sich

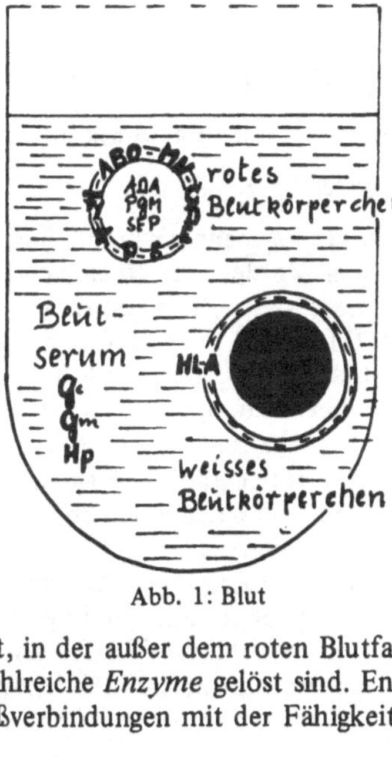

Abb. 1: Blut

eine Flüssigkeit, in der außer dem roten Blutfarbstoff Hämoglobin noch zahlreiche *Enzyme* gelöst sind. Enzyme sind komplizierte Eiweißverbindungen mit der Fähigkeit, chemische Verbindungen, wie sie im menschlichen oder tierischen Organismus vorkommen, zu spalten oder aufzubauen. Die Leukocyten sind ähnlich wie die roten Blutkörperchen gebaut, aber sie haben im Innern noch zusätzlich einen Zellkern.

Durch Abschleudern in einer Zentrifuge kann man die geformten Bestandteile vom Blutserum abtrennen. Das Serum enthält ebenfalls zahlreiche mineralische Salze sowie organische Verbindungen, darunter Eiweißkörper der verschiedensten Art, die hier vor allem interessieren.

Die Tatsache, daß die komplizierten chemischen Verbindungen im Blut in ihrem spezifischen Aufbau und ihrer Zusammensetzung erblich determiniert sind, macht sie erst zu konstanten Merkmalen und ihre Anwendung in der forensischen Blutgruppenkunde möglich.

2. Aufzählung erblicher Blutmerkmale

2.1 Erbmerkmale der Wand roter Blutkörperchen

2.1.1 Das A-B-O-System

Es handelt sich um die sogenannten klassischen Blutgruppen, die zuerst aufgefunden worden sind (*Landsteiner* 1900). Jeder Mensch gehört zu einer dieser Blutgruppen, entweder zu A oder zu B oder zu 0 („Null") oder zu AB. Ein Mensch, der beispielsweise zur Blutgruppe „A" gehört, hat in seinem Blut nur Blutkörperchen der Blutgruppe A und keine einer anderen Blutgruppe. Darüber hinaus findet sich die Blutgruppensubstanz „A" nicht nur in roten Blutkörperchen, sondern in sämtlichen Körperzellen und bei bestimmten Menschen (Secretoren) auch in Körperflüssigkeiten. Später hat man die Blutgruppe A noch unterteilt in die A-Untergruppen A_1 und A_2 sowie weitere. Mit diesen Blutgruppen an den Erythrozyten korrespondieren Antikörper[1] im menschlichen Serum: anti-A und anti-B. Eine komplette klassische Blutformel heißt also z. B.: A(anti-B) oder B(anti-A) oder 0(anti-A, anti-B) oder AB(– –).

Man beachte, daß im Blutserum nur solche Antikörper vorkommen, die – abgesehen von bestimmten Krankheitszuständen – die eigenen Blutkörperchen nicht angreifen. Im forensischen Gutachten wird gemäß den Richtlinien[2] nur die klassische Blutgruppe angegeben, nicht der korrespondierende Antikörper.

Die Blutgruppen 0 und A sind in Mitteleuropa am häufigsten und zu je etwas über 40 % vertreten, seltener ist die Blutgruppe B mit etwa 10–15 % und am seltensten die Blutgruppe AB mit rund 5 %. An anderen Orten der Erde ist die Verteilung eine andere. Wir finden, je weiter wir nach Osten gehen, umso häufiger die Blutgruppe B; andererseits kommt bei Eskimos fast nur die Blutgruppe 0 vor. Die Blutgruppen A, B und 0 findet man im übrigen auch bei Menschenaffen.

Liste erblicher Blutmerkmale (alphabetisch geordnet)

Symbol für Erscheinungsbild (Phänotyp)	Symbol für Erbbild (Genotyp)	System
0 (= Null)	*0*	ABO-System
A_1	A_1	
A_2	A_2	
B	*B*	
ADA (1–1), (2–1), (2–2)	ADA^1, ADA^2	Enzym-Systeme
AK (1–1), (2–1), (2–2)	AK^1, AK^2	

[1] Antikörper: In der Immunologie unterscheidet man Antikörper und Antigene. Das Wort „Antigen" hat nichts mit menschlicher Genetik zu tun, es bedeutet nur einen chemischen Stoff, der von außen in einen lebenden menschlichen oder tierischen Organismus eindringt und diesen provoziert, ganz spezifische „Antikörper" zu bilden. Diese Antikörper reagieren in der Regel nur mit demjenigen Antigen, unter dessen Wirkung sie entstanden sind, unter Bildung von z. T. mit bloßem Auge erkennbaren Verklumpungen oder Niederschlägen oder anderen, nicht unmittelbar sichtbaren Antigen-Antikörper-Verbindungen.

[2] Wenn hier und im folgenden von „Richtlinien" die Rede ist, dann sind damit die Richtlinien des Bundesgesundheitsamtes für die Erstattung von Blutgruppengutachten gemeint (Bundesgesundheitsblatt 13. Jahrg. (1970), Nr. 10/11, S. 149–153) s. Anlage S. 85.

Liste erblicher Blutmerkmale (alphabetisch geordnet) Fortsetzung

Symbol für Erscheinungsbild (Phänotyp)	Symbol für Erbbild (Genotyp)	System
C	*C*	
C^w	C^w	
c	*c*	
D	*D*	Rhesus-System
d	*d*	
E	*E*	
e	*e*	
Fy (a)	Fy^a	Duffy-System
Fy (b)	Fy^b	
Gc (1–1), (2–1), (2–2)	Gc^1, Gc^2	
Gm (1+), Gm (2+)	Gm^1, $Gm^{1,2}$	Serum-Merkmale
Hp (1–1), (2–1), (2–2)	Hp^1, Hp^2	
InV (1-positiv), (1-negativ)	InV^1	
HL- A_1, A_2 usw. A_5, A_7, W_5, W_{10} usw.	*HL-A*	Transplantationsantigene
K Kell-positiv	*K*	Kell-System
k Kell-negativ (= cellano)	*k*	
M	*M*	MNSs-System
N	*N*	
0 (= Null, s. AB0-System)		
P P-positiv	*P*	P-System
p P-negativ	*p*	
PGM (1–1), (2–1), (2–2)	PGM^1, PGM^2	Enzym-System
Pt (A), (AB), (B)	Pt^A, Pt^B	Serum-Merkmal
Rh (Rh-positiv) (siehe CDE)		
rh (Rh-negativ) (siehe CDE)		
S	*S*	MNSs-System
s	*s*	

Liste erblicher Blutmerkmale (alphabetisch geordnet) Fortsetzung

Symbol für Erscheinungsbild (Phänotyp)	Symbol für Erbbild (Genotyp)	System
Se	*Se*	AB0-Sekretor-System
SEP (A, AB, AC, B, BC, C)	SEP^A, SEP^B, SEP^C	Enzym-System

2.1.2 **Das MNSs-System**

Die Zellwand eines Erythrocyten besteht aus einem ganzen Mosaik von verschiedenen Bausteinen. Neben denen des AB0-Systems, aber ganz unabhängig davon, befindet sich das System der M-N-Merkmale, das mit dem S-s-System gekoppelt ist. Jeder Mensch besitzt entweder das Merkmal „M" oder „N" oder beide zusammen als „MN". M kommt in Europa bei etwa 30%, N bei ca. 20% und MN bei rund 50% vor.

2.1.3 **Das Rh-System**

Das Auffinden des sogenannten „Rhesus"-Faktors durch *Landsteiner* im Jahre 1940 ist, wegen seiner Bedeutung für die kindliche Erythroblastose, eine der wichtigsten Entdeckungen der neueren Medizin. Das Merkmal wurde zuerst bei Rhesus-Äffchen gefunden, dann aber auch bei etwa 85 % der Menschen weißer Rasse, bei 92 % der Afrikaner und bei fast 100 % der Chinesen und Indianer. Dieser Rhesus-Faktor ist aber noch weniger einheitlich als die Blutgruppe A. Es gibt ca. 12 Rhesus-„Untergruppen", die jeweils wieder aus je drei Untereinheiten bestehen. Man bezeichnet sie in Fortsetzung der AB-Nomenklatur als C, D und E bzw. c, d und e. Einige dieser Tripel-Kombinationen sind in der Bevölkerung recht häufig, z. B. „CDe" (41 %), „cDE" (14 %) und „cde" (41 %). Etwa 96 % der Menschen in Mitteleuropa besitzen eines oder zwei dieser Merkmale. Die Tripel „Cde" (1,1 %), „cDe" (1,8 %) und „cdE" (0,5 %) kommen dagegen nur in der Größenordnung um jeweils 1 % vor. Andere Dreifach-Kombinationen sind extrem selten. Bemerkenswert ist aber, daß die Untereinheit „C" durch eine Variante: „C^w" ersetzt sein kann, die allerdings auch nur selten vorkommt (ca. 2–3 %).

2.1.4 **Das P-System**

Das P-System, das an sich auch recht kompliziert ist, soll hier nur vereinfacht dargestellt werden. Das Vorhandensein des Merkmals bezeichnet man als „P", seine Nichtnachweisbarkeit als „p". Bei etwa 80 % mitteleuropäischer Menschen läßt sich das Merkmal P nachweisen. Die P-negativen Menschen besitzen an seiner Stelle ein „p"-Merkmal.

2.1.5 **Das Kell-cellano-System**

Das Vorhandensein des nach einem Familiennamen so benannten Kell-Merkmals wird als „K-positiv", sein Fehlen als „K-negativ" oder als „k" bezeichnet. Das dem fehlenden K-Merkmal entsprechende und postulierte homologe Merkmal ist inzwischen aufgefunden und „cellano" benannt worden, ebenfalls nach dem Namen einer Familie. Die Häufigkeit von K liegt um 8 %, d.h. 92 % der mitteleuropäischen Menschen sind K-negativ.

2.1.6 **Das Duffy-System**

Bei dem Duffy-System verwendet man das Symbol „Fy". Man unterscheidet Fy (a) und Fy (b), die vorhanden sein oder fehlen können. So ergeben sich die Kombinationen: Fy (a+, b+), Fy (a+, b–) und Fy (a–, b+). Aus der Tatsache, daß – bei negroider Bevölkerung häufiger als bei europider – in seltenen Fällen beide Merkmale fehlen können, die Formel dann also Fy (a–, b–) heißt, kann man schließen, daß es an gleicher Stelle noch mindestens ein drittes, bisher noch „stummes" Duffy-Merkmal gibt. Man findet (a+, b+) bei ca. 48,5 %, (a–, b+) bei 34,3 % und (a+, b–) bei 17,2 %.

2.2 Erbmerkmale der Wand weißer Blutkörperchen: HL-A

Die weißen Blutkörperchen des Menschen (nicht nur des Menschen) enthalten ähnlich wie die Erythrocyten in ihrer Zellwand charakteristische chemische Verbindungen, von denen man bis heute über 40 verschiedene kennt. Da sie vor allem für die Übertragung von menschlichen Organen von einem gesunden Spender auf einen kranken Empfänger, z. B. bei Nierentransplantationen von Bedeutung sind, spricht man von „Transplantationsantigenen" oder wegen ihrer Bedeutung für die Gewebsverträglichkeit von „Histokompatibilitätsantigenen", abgekürzt: H-Antigene. Meist werden sie als „*h*uman *l*eucocyte *a*ntigen" unter dem *Symbol HL-A* zusammengefaßt. Da es sich hierbei um Erbmerkmale handelt, werden sie auch für eine Anwendung in der forensischen Blutgruppenkunde genutzt. Die wissenschaftliche Arbeit hierüber ist in vollem Gange. Man kennt bisher 30–40 Allele in zwei Reihen, z. B. HL-A_1, HL-A_2, HL-A_3, HL-A_9, HL-A_{10} usw. bzw. HL-A_5, HL-A_7, W_5, W_{10}, W_{15} usw. mit über 30 000 Phänotypen und über 70 000 möglichen Genotypen[3].

2.3 Erbmerkmale im Zellinnern roter Blutkörperchen: Enzyme

2.3.1 Saure Erythrocytenphosphatase – SEP

Phosphatasen sind Enzyme (ältere Bezeichnung Fermente), die aus organischen Phosphorsäureverbindungen den Phosphatanteil abspalten können. Je nachdem sie ihr Wirkungsoptimum im schwach sauren oder im schwach alkalischen Bereich haben, spricht man von sauren oder alkalischen Phosphatasen. Daß es sich bei Enzymen um Eiweißverbindungen handelt, ist eingangs erwähnt worden. Sie sind daher auch erblich in ihrer Struktur determiniert.

[3] Vgl. *Spielmann, W.:* 4. Tagung der Gesellsch. f. forens. Blgr.kde, Trier 1972, S. 75. – *Kissmeyer-Nielsen, F.:* 5. Tagung d. Ges. f. forens. Blgr.kde, Amsterdam 1973. – *Mueller-Eckhardt, Ch.* u. *D. Heinrich:* ebenda. *Rood, van, J. J.:* ebenda.

Obwohl die derzeit gültigen Richtlinien des BGA das Symbol „SEP“ vorschreiben, sieht man auch noch andere Schreibweisen wie SEPh oder acP. Jeder Mensch gehört einer von sechs Gruppen an: Am häufigsten findet man SEP (AB) mit fast 40 % und SEP (B) mit fast 37 %, danach SEP (A) zu etwa 11 %, SEP (BC) zu etwa 8 %, SEP (AC) zu ca. 4 % und sehr selten SEP (C) mit einer Häufigkeit in der Bevölkerung von etwa 0,1 %.

2.3.2 **Phosphoglukomutase – PGM**

Phosphoglukomutase – Symbol „PGM“ – ist ein Enzym, das im Energiestoffwechsel des menschlichen oder tierischen Organismus durch Umlagerung eines Glukose-(Traubenzucker)-Moleküls eine Rolle spielt. Auch dieses Ferment ist ein Eiweißkörper mit verschiedenen, erblich festgelegten Varianten. In der forensischen Blutgruppenkunde interessiert nur das PGM_1, von dem es aber wieder verschiedene Untergruppen gibt: PGM (1–1) (Häufigkeit ca. 60 %), PGM (2–1) (Häufigkeit ca. 35 %) und PGM (2–2) (Häufigkeit etwa 5 %).

2.3.3 **Adenylatkinase – AK**

Kinasen sind Phosphat-übertragende Enzyme. Wir finden drei Erscheinungsformen der Adenylatkinase, nämlich AK (1–1) mit einer Häufigkeit von ca. 93 %, sehr viel seltener AK (2–1) (zu etwa 7 %) und sehr selten (0,1 %) AK (2–2).

2.3.4 **Adenosindesaminase – ADA**

Das Ferment Adenosindesaminase spaltet eine Aminogruppe von Adenosin ab. Am häufigsten ist ADA (1–1), das man bei über 87 % aller Menschen in Mitteleuropa findet, danach kommt ADA (2–1) mit etwas über 12 %, sehr selten ist ADA (2–2) (0,4 %).

2.4 Erbmerkmale im Blutwasser

2.4.1 Haptoglobin – Hp

Haptoglobin ist ein Eiweiß, das den Blutfarbstoff Hämoglobin bindet. Man unterscheidet Hp (1–1) (14 % Häufigkeit), Hp (2–1) (47 %) und Hp (2–2) (39 %).

2.4.2 Gruppenspezifische Komponenten – Gc

Die Bezeichnung Gc kommt von „group specific components". Es handelt sich um genetisch determinierte Eiweißgruppen, die man als Gc (1–1) (Häufigkeit über 51 %), Gc (2–1) (Häufigkeit 41 %) und Gc (2–2) (Häufigkeit 8 %) bezeichnet.

2.4.3 Gammaglobuline und InV

Diese Eiweißverbindungen[4] spielen als Bausteine von Antikörpern in der Immunologie eine große Rolle. Die Antikörper sind Immunglobuline (IgG), die aus 20 Aminosäuren sehr kompliziert und nach einem erblich bestimmten Schema zusammengesetzt sind. Unter enzymatischen Einwirkungen zerfallen sie gesetzmäßig in Bruchstücke, die als Gm, InV usw. bezeichnet werden. Entsprechend der hohen Spezifität der Antikörper sind auch diese Bruchstücke sehr verschieden zusammengesetzt, man nennt sie teils Gm (1), Gm (2) usw., bzw. InV (1) usf.

Die Forschung ist auf diesem Gebiet noch keineswegs abgeschlossen. Die definierbaren Spaltstücke Gm (1) und Gm (2), die teils einzeln als Gm (1) (Häufigkeit über 30 %), teils zusammen als Gm (1, 2) (Häufigkeit fast 20 %) vorkommen, machen fast die Hälfte aller Gm-Merkmale aus. Der Baustein InV (1) ist nur bei etwa 12–13 % aller InV-Bruchstücke nachweisbar.

[4] Gm von „Gammaglobulin", „Antikörper" vgl. Anmerkung S. 11. InV von „propriété *in*-hibitrice eines Spenders namens *V*-irm. Vgl. *Henningsen, K.:* 5. Tagung d. Ges. f. forensische Blutgruppenkunde, Amsterdam 1973.

2.4.4 **Der Komplementfaktor C'3 bzw. die Posttransferrine: Pt**

Beim Komplement handelt es sich um eine Gruppe von Eiweißkörpern im Blutserum, die bei der Abwehr von Krankheitserregern eine Rolle spielen. Einer dieser Serumbestandteile, das sog. C'3 ist sehr labil und kann in ein stabiles Produkt, das sog. Posttransferrin umgewandelt werden. Die wichtigsten Typen sind Pt (A-A) (ca. 4 %), Pt (A-B) (ca. 32 %) und Pt (B-B) (ca. 62 %); man kann aber insgesamt 20 bzw. 21 Varianten unterscheiden (vgl. *Hilgermann* u. a., *Pflugshaupt* u. a., *Ritter* u. *Ritter*)[5]. Beim Komplement unterscheidet man C'_3 (F) (= fast, schnell) und C'_3 (S) (= slow, langsam). Es entsprechen:

Pt (A-A) = C'_3 (F) = C'_3 (1-1)
Pt (A-B) = C'_3 (FS) = C'_3 (2-1)
Pt (B-B) = C'_3 (S) = C'_3 (2-2)

2.5 **Sonstige Merkmale**

Mit den bisher im Blutgruppengutachten meistens angewendeten 15 Systemen AB0 – MNSs – K – Fy – Rh – P – Hp – Gc – Gm – InV – Pt – SEP – PGM – ADA – AK (also ohne HL-A) kann man zwar bereits ca. 1,2 Milliarden von verschiedenen Blut-Phänotypen unterscheiden, es gibt aber noch zahlreiche weitere Systeme, die bisher nicht mit aufgezählt sind, da sie für die forensische Blutgruppenkunde von nur geringer Bedeutung sind und wegen ihrer Seltenheit bzw. auch des Mangels an guten und regelmäßig lieferbaren Testseren seltener angewendet werden. Dazu gehören das sog. AG-System[6] (von „Antigen"), die Enzyme Glutamat-pyruvat-transaminase (= GPT)[7], Galactose-1-phosphaturidyltransferase

[5] Zu C'3: *Hilgermann u. a., Pflugshaupt u. a., Ritter u. Ritter:* 5. Tagung d. Ges. f. forensische Blgr.kde, Amsterdam 1973.

[6] Zu AG-System: *Bütler, R.:* 5. Tagung d. Ges. f. forens. Blgr.kde, Amsterdam 1973.

[7] Zu GPT: *Welch, S. G.:* ebenda.

(= Gt), 6-Phospho-gluconat-dehydrogenase (= 6-PGD), ferner das Kidd-System (mit den Genen Ik^a und Ik^b), das Transferrin-System (= Tf). (Vgl. *Bütler* und *Welch*.) Größere Bedeutung könnten aber noch die Chromosomenbanden[8] bekommen: Chromosomen zeigen nämlich nach Anfärbung mit Fluoreszenzfarbstoffen mindestens zwei charakteristische Fluoreszenzbanden, die bei Vaterschaftsgutachten ergänzend herangezogen werden könnten (vgl. *Pearson u. a., Schwinger*). Zur Individualität menschlichen Blutes s. *Speiser, P.* und *V. Pausch*[9].

3. Vererbung der Blutmerkmale

3.1 Volkswissen

Jede Mutter weiß, daß ihr Kind in seinen Eigenschaften entweder mehr ihrem Mann oder ihr selbst, in anderen Fällen den Großeltern, einem Onkel oder einer Tante ähneln kann. Manchmal scheint es weder mit Vater noch Mutter Ähnlichkeit zu haben, wohl aber mit entfernten Verwandten. Es gibt also *Erbinformationen oder Gene*, und zwar neben den sofort erkennbaren, den *dominanten*, auch solche, die verborgen, *rezessiv* weiter vererbt werden und nur gelegentlich auch äußerlich sichtbar sind.

3.2 Gesetzmäßigkeiten der Vererbung

Die Anwendbarkeit von Blutgruppenbefunden als forensisches Beweismaterial, in Deutschland seit 1926, beruht auf der Gesetzmäßigkeit der Vererbung dieser Merkmale. In den Kernen der Körperzellen aller Lebewesen ist die gesamte Information für den Bau eines identischen Lebewesens in den Kernschleifen oder *Chromosomen* gespeichert.

[8] Zu Chromosomenbanden: *Pearson, P. L.* u. *J. P. M. Geraedts*, ebenda, *Schwinger, E.*: ebenda.

[9] Kriminalistik u. forens. Wiss. 1972. 81.

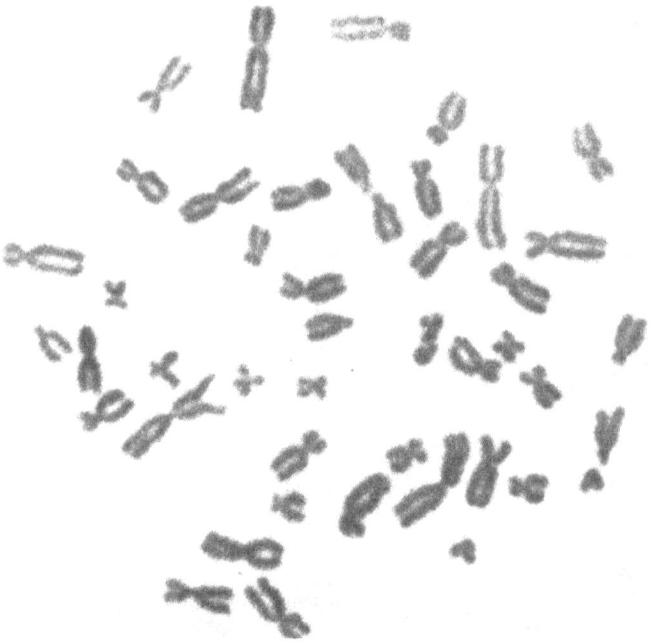

Abb. 2: Menschliche Chromosomen. Aus *McKusick, V. A.*: Humangenetik. G. Fischer Verlag, Stuttgart 1968

Jedes Chromosom trägt dabei an verschiedenen, aber konstanten Genorten, an je einem „*locus*" zahlreiche Erbanlagen oder *Gene*, u. a. auch die Gene für die Blutmerkmale. Erbinformationen auf verschiedenen Chromosomen werden völlig unabhängig voneinander von dem Elternpaar an ein Kind weitergegeben. Bei der Ausbildung von Ei und Samenfaden kommt es zu einer Reifungsteilung der insgesamt 46 menschlichen Chromosomen, so daß die menschlichen Keimzellen nur die Hälfte, also nur einen *haploiden*, d. h. Halbsatz von je 23 Chromosomen enthalten.

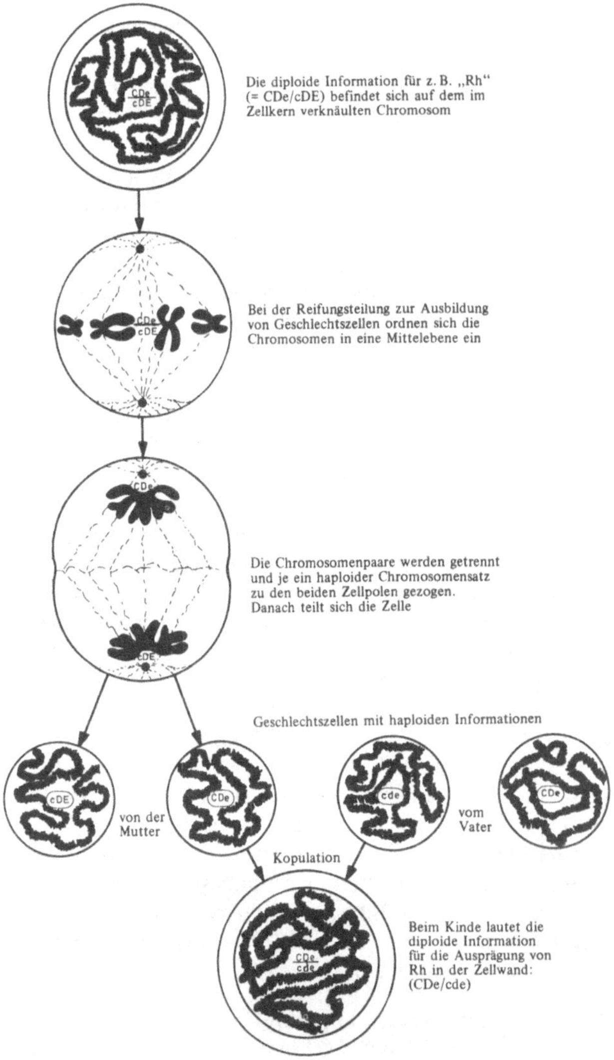

Abb. 3: Teilung der Chromosomen und ihre Wiedervereinigung (vereinfacht dargestellt)

Bei ihrer Wiedervereinigung zur befruchteten Zelle kommen je zwei korrespondierende Kernschleifen zu je einem Chromosomenpaar zusammen, so daß die befruchteten Eizellen wieder *diploid* sind und ebenso wie ihre sämtlichen Nachkommen, also alle Körperzellen sowohl des heranwachsenden Foetus als auch des Kindes und des erwachsenen Menschen *46 Chromosomen in 23 Paaren* beherbergen. Jede Erbinformation, also auch *die Blutgruppe, wird damit von zwei zusammengehörenden Genen sowohl von der Mutter als auch vom Vater her bestimmt.* Die mit der Befruchtung gegebenen Erbinformationen können danach das ganze Leben hindurch nicht mehr verändert werden. Damit bleiben auch die Blutmerkmale konstant.

Allerdings können im Verlauf vieler Generationen Varianten auftreten, so daß an einem Genort nicht nur ein bestimmtes Gen, sondern eines von mehreren *Allelen* treten kann.

Man geht bisher von der Hypothese aus, daß ein Blutmerkmal das Ergebnis einer einzigen, diploiden Erbinformation ist: Ein Gen = ein Produkt. In der Anthropologie ist dies anders. Ein Körpermerkmal ist in der Regel die sichtbare Ausprägung *mehrerer* genetischer Informationen. Weiter unten wird davon die Rede sein, daß es auch in der Blutgruppenkunde das Phänomen gibt, daß ein zweites Gen die von dem ersten Gen gegebene Information unterdrücken kann. Am genauesten studiert sind die Beziehungen zwischen Gen und Genprodukt bei den einfachsten Lebewesen, den Bakterien. Bei ihnen hat sich das Ergebnis einer genetischen Information, z. B. die Produktion eines Enzyms als Endglied einer Kette von fördernden und hemmenden Einflüssen erwiesen. Man könnte vermuten, daß beim Menschen zum mindesten die genetischen Informationen für die Bildung der Enzyme nicht einfachere Wege gehen als bei den Bakterien. Vielleicht gilt dies auch für andere Erbinformationen.

Im MNSs-System werden auf dem Chromosom je zwei Loci für M oder N und S oder s gekoppelt vererbt. Ähnlich ist es bei dem HL-A-System: Auf dem betreffenden Chromosom

	Erbinformationen	
	Blutgruppenkunde	*Anthropologie*
Im Zellkern:	*eine* genetische Information	*mehrere* genetische Informationen 1. 2. 3. 4. 5.
	↓	↘ ↘ ↓ ↙ ↙
In der Blutkörperchenwand:	*ein* Ergebnis ein Blutmerkmal	Ergebnis: ein Körpermerkmal

befinden sich zwei Loci. Das Vorhandensein eines dritten Genortes wurde kürzlich postuliert. Am sogenannten LA-locus können die Allele 1, 2, 3, 9, 10, 11 oder andere auftreten, am sogenannten 4-Locus die Allele 5 oder 7 oder 8 oder W5 usw. Bei einem Chromosomenpaar ergeben sich so vier Informationsquellen, die bei der großen Zahl von 30–40 Allelen zu den oben genannten 70 000 Genotypen mit 30 000 Phänotypen führen. Im Rh-System sind je drei loci für C bzw. c, D bzw. (d?), und E bzw. e auf einem Chromosom gekoppelt.

Betrachten wir die Vererbung von Blutgruppen an konkreten Beispielen.

1. Beispiel:

1. Generation:	Mutter „A"		Vater „A"
2. Generation, Kind:		A-A	im Erbbild = Genotyp, reinerbig, *„homozygot"*
		↓ A	im Erscheinungsbild nur „A"
3. Generation:	auf Grund der Reinerbigkeit nur Gene mit der Information „A"		

Von den verschiedenen Allelen für das AB0-Blutgruppensystem möge das Kind z. B. von seiner Mutter die Anlage für die Blutgruppe „A“ erben und von seinem Vater ebenfalls die Anlage für „A“. Dann lautet die gesamte Erbinformation „A-A“, und wir finden beim Bestimmen der Blutgruppe im Laboratorium die Blutgruppe „A“. Man spricht dann von Reinerbigkeit oder *Homozygotie*.

2. Beispiel:

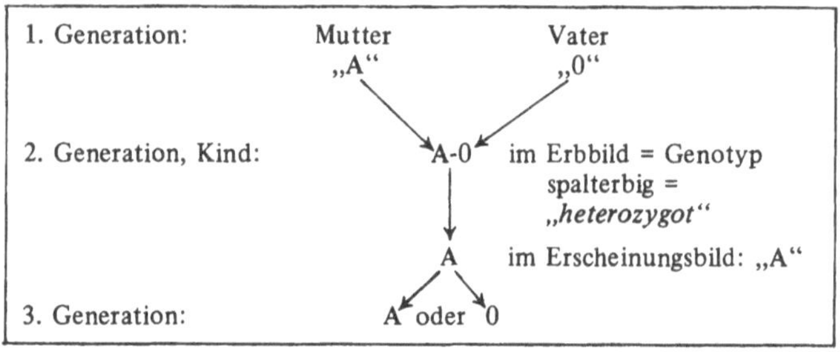

Wird von einem Elternteil „A“ und vom andern Elternteil „0“ vererbt, dann besitzt das Kind die Erbformel „A0“; es ist damit spalterbig oder *heterozygot*. Im Laboratorium findet man nur die Blutgruppe „A“, nicht das „0“. Erst wenn in der 3. Generation ein solches Gen für „0“ mit einem anderen Gen für „0“ zusammentreten sollte, erscheint die Blutgruppe 0, auch im Laboratorium erkennbar.

Dieses Beispiel (2) demonstriert zugleich das Phänomen der *Dominanz:* Die Erbinformation für A ist stärker als die Erbinformation für 0. Obwohl die ganze Erbformel, der Genotyp „A-0“ lautet, findet man im Laboratorium nur das dominante „A“. Das rezessive 0 scheint bei diesem Kind verschwunden zu sein. Es kann aber in der nächsten Generation wieder sichtbar werden, falls dann zwei rezessive Gene für 0 zu „0-0“ zusammentreten.

Man muß darum zwischen der vollständigen Information des Erbbildes oder *Genotyps* und der manchmal unvollständigen Information des Erscheinungsbildes oder *Phänotyps* unterscheiden. Es ist außerdem noch der Begriff des *Haplotyps* abzugrenzen. Dies ist eine halbe Erbinformation von einem der beiden Elternteile. Zwei Haplotypen ergeben zusammen einen Genotyp. Aus dem Phänotyp kann man in vielen Fällen, aber nicht immer, auf den Genotyp rückschließen; so kann im Rh-System der Phänotyp CcD.Ee zwar meistens dem Genotyp CDe/cDE entsprechen, aber in seltenen Fällen auch dem Genotyp CDE/cde oder anderen (bei unvollständigen Genotypen wird die fehlende Information durch einen Punkt ersetzt).

Phänotyp CcD.Ee = 100 %, Genotyp:	CDe/cDE =	88,80 %
	CDe/cdE =	7,50 %
	cDE/Cde =	2,14 %
	CDE/cde =	1,46 %
	CDE/cDe =	0,10 %
	CdE/cDe =	0,00 %
		100,00 %

Dies ist wichtig zu wissen, da es in manchen Gutachten sehr darauf ankommt, ob dem Phänotyp CcD.Ee ein Genotyp entspricht, in dem der Haplotyp (cde) vorkommt; es ist also etwa 67mal wahrscheinlicher, daß ein Haplotyp (cde) nicht vorliegt als daß er vorhanden ist.

Die Kenntnis dieser Erbregeln und der Fachausdrücke ist für das Verständnis der Blutgruppenkunde und der Blutgruppenbegutachtung Voraussetzung.

3.3 Konstanz der Erbmerkmale und Variationsmöglichkeiten

Es ist im vorhergehenden Abschnitt schon betont worden, daß die einmal gegebene Erbinformation nachher im Leben nicht mehr geändert werden kann. Soweit es sich um Merkmale an geformten Blutelementen handelt, wie z. B. den klassischen Blutgruppen, sind sie vom ersten Lebenstage an nachweisbar. Die Serumeigenschaften müssen dagegen erst von Zellen gebildet werden, sie werden daher im Verlauf des ersten oder manchmal des zweiten Lebensjahres voll nachweisbar. In der Untersuchungspraxis muß man daher bis mindestens zum 8. Lebensmonat oder noch länger bis zu einer Blutentnahme warten.

Erbmeıkmale könnten allenfalls im Verlaufe mehrerer Generationen durch *Mutationen*[11] geändert werden. Tatsächlich kennt man in allen Systemen vom Normverhalten abweichende Varianten, die meist aber so selten sind, daß man sie vernachlässigen könnte. Am bekanntesten und relativ nicht ganz so selten ist die Variante C^w im Rh-System, die dort an die Stelle des C-Gens treten kann. Außerdem gibt es sehr seltene Unterdrückungsgene, bei deren Vorhandensein eine an sich vererbte Blutgruppen-Information nicht zum Tragen kommt (z. B. Bombay-Typ, „stumme Gene").

Manchmal wird die Schutzbehauptung aufgestellt, daß die ererbte Blutgruppe durch eine *Transfusion*[12] verfälscht sei. Durch eine Bluttransfusion kann man aber die in jeder Körperzelle vorhandene Erbinformation nicht ändern. Wohl aber kann man manchmal die gespendeten Blutbestandteile neben den ursprünglich vorhandenen noch eine gewisse Zeitlang nachweisen. Im A-B-0-System ist dies zwar mit Ausnahme von 0 nicht möglich, da man nicht z. B. A-Blut auf einen B-Menschen und umgekehrt übertragen kann, ohne daß es zu schweren klinischen Erscheinungen, unter Umständen zum tödlichen Ausgang kommt. Wohl aber kann man M-Blutkörperchen auf einen N-Menschen übertragen, ohne daß es normalerweise zu klinischen Zwischenfällen kommt. Man kann diese fremden Blutkörperchen bis zu etwa 100 Tagen im Empfängerblut nachweisen, dann sind sie abgebaut und können eine Blutgruppenbestimmung nicht mehr stören. Ähnlich verhält es sich mit

[11] Zu Mutationen: Durch Röntgenstrahlen, chemische Gifte o. a. können Chromosomen im Moment der Teilung zerbrechen oder in ihrer Struktur verändert werden und damit eine andere Information geben. Spontane Mutationen treten etwa 1 : 100 000 und seltener auf.

[12] Zu Transfusionsstörungen vgl. Gutachten *Pfleiderer*, ref. im Amtsvormund 1971, S. 359.

übertragenen Fremdeiweißen, z. B. Hp (2–2) auf einen Hp (1–1)-Empfänger. Fremdes Eiweiß hat im Blut nur eine sehr begrenzte Lebensdauer, es wird schnell abgebaut und ausgeschieden. Man kennt diese Erscheinung von der Serumtherapie her, bei der auch mit Serum gegebene Gegengifte bald ihre Wirkung verlieren.

4. Anwendung der Erbgesetze für forensische Zwecke

4.1 Nichtehelichengesetz[13]

Nach § 1600 o Abs. 2 BGB wird auf Grund einer allgemeinen Lebenserfahrung vermutet, daß ein Kind von dem Mann gezeugt wurde, welcher der Mutter während der Empfängniszeit beigewohnt hat. Diese Vermutung gilt nicht, wenn trotz der Beiwohnung unter Würdigung aller Umstände schwerwiegende Zweifel an der Vaterschaft – z. B. durch ein Blutgruppengutachten – verbleiben.

Soweit eine Anerkennung des Kindes durch den nichtehelichen Vater nicht erfolgt, muß von Amts wegen durch eine gerichtliche Klärung die Feststellung erfolgen (Feststellungsklage gemäß § 1600 n BGB), daß der Mann das Kind in biologischem Sinne gezeugt hat. Das ist etwas ganz anderes als die frühere „Gilt- oder Zahlvaterschaft“. Erst nach dieser Feststellung der biologischen Vaterschaft können Unterhaltsansprüche geltend gemacht werden; sie begründet auch die Folgerung, daß zwischen dem nicht-ehelichen Kind und seinem Erzeuger ein echtes Verwandtschaftsverhältnis mit entsprechenden familienrechtlichen und erbrechtlichen Konsequenzen besteht.

Früher ging es nur um den Ausschluß von der Vaterschaft. Ein Mann ist der Vater oder er ist es nicht. Da es keine 99 %-Väter

[13] Vgl. *Müller, K.*: Tagungsbericht der Gesellschaft für forensische Blutgruppenkunde, Mainz 1971.

gibt, ist ein Ausschluß von der Vaterschaft im biologischen Sinne immer 100prozentig. Die terminologischen Einschränkungen des „Vaterschaft offenbar unmöglich“ über „sehr unwahrscheinlich“ bis zu „nicht wahrscheinlich“ erfolgten nur, wenn die Zahl der Familienuntersuchungen nicht ausreichte, um den Erbgang eindeutig festzulegen.

Bei dem positiven Hinweis auf eine Vaterschaft wird dem Richter vom Gutachter aber keine Sicherheit, sondern nur eine Wahrscheinlichkeit geboten. Jetzt wird tatsächlich von 99% oder mehr oder weniger gesprochen. Eine 100prozentige Sicherheit gibt es nicht, obwohl derjenige, der die Vaterschaft anerkennen soll, gerade dies verlangt. Allerdings kann die Wahrscheinlichkeit für eine Vaterschaft so hoch sein, daß sie „mit an Sicherheit grenzender Wahrscheinlichkeit“ den Tatbestand richtig wiedergibt.

4.2 **Ausschlußmöglichkeiten für Nichtväter**

Ein Kind hat, wie geschildert, *für jedes erbliche Merkmal zwei Informationen* auf Grund der von der Mutter *und* vom Vater ererbten Gene erhalten. Dabei kann im Erscheinungsbild –Phänotyp – eine rezessive Erbanlage durch ein dominantes Merkmal (z. B. 0 durch A) verdeckt sein. Im ersten Beispiel sind Kind und Kindesmutter spalterbig:

Beispiel 1:

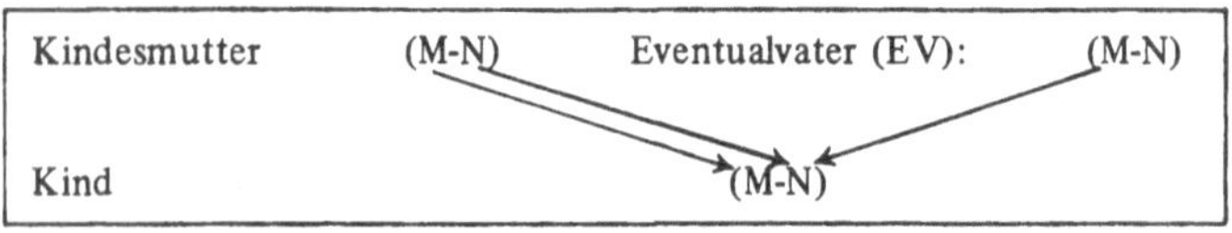

Es läßt sich nicht entscheiden, ob das Kind von seiner Mutter das Allel „M“ oder „N“ ererbt hat. Der EV kann, aber er muß nicht der leibliche Vater sein, der Gutachter kann nicht mehr aussagen, als daß es nicht unmöglich ist, daß er der Erzeuger ist.

Beispiel 2:

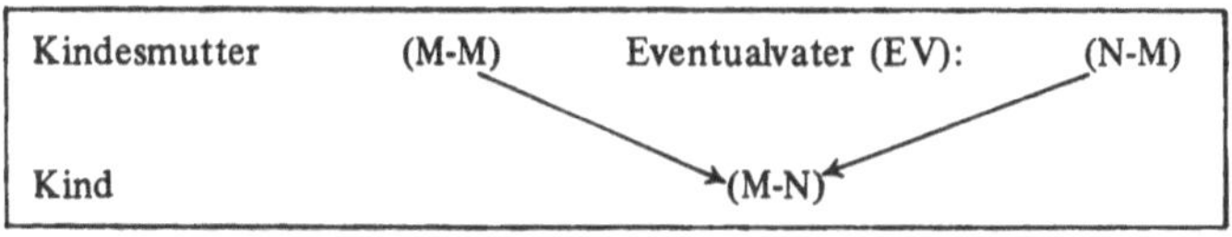

Das Kind kann von seiner Mutter nur das Gen (oder einen Genkomplex) „M" ererbt haben, während das Gen „N" vom leiblichen Vater stammen muß. Dieses „N" ist eine *„unerläßliche väterliche Erbeigenschaft"*, abgekürzt „uvE". Diese uvE braucht kein einzelnes Gen zu sein, sie ist vielmehr in der Regel aus vielen Einzelgenen der verschiedensten Systeme zusammengesetzt, also ein ganzer Genkomplex, von dem man nur verlangt, daß alle Allele unabhängig voneinander vererbt werden.

Beispiel 3:

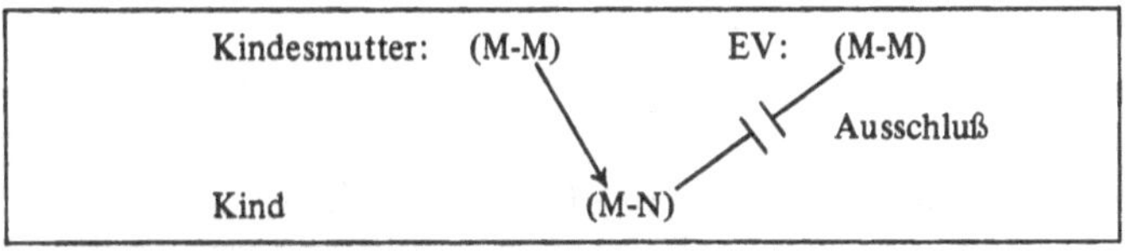

Die unerläßliche väterliche Erbeigenschaft „uvE" sei wiederum „N". Da der in Anspruch genommene Eventualvater (EV) aber diese Erbinformation nicht besitzt, ist er *von der Vaterschaft auszuschließen. Eine Ausschlußmöglichkeit ist immer dann gegeben, wenn sich in einem der verschiedenen Blutgruppensysteme eines oder mehrere Merkmale finden, die nicht von der Kindesmutter stammen können und die auch bei dem Eventualvater oder dem Mehrverkehrszeugen nicht nachweisbar bzw. – unter Berücksichtigung seiner Eltern – nicht möglich sind. Nur wer die uvE komplett besitzt, kann der Vater sein, wer sie auch nur teilweise, und sei es in einem einzigen Faktor, nicht besitzt, ist auszuschließen.*

Beispiel 4:

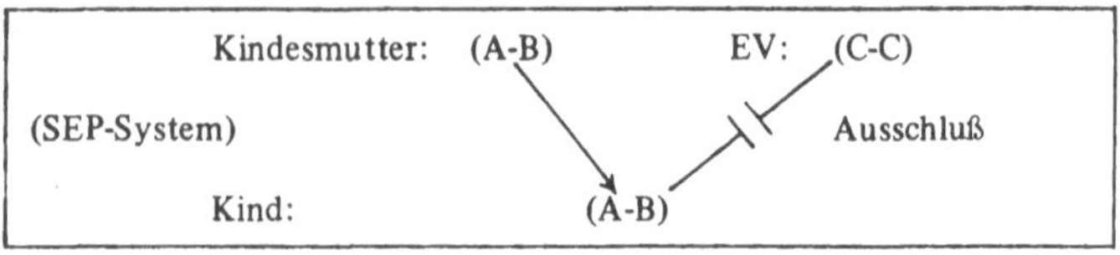

Hier sind wie im 1. Beispiel Kind und Kindesmutter spalterbig, die uvE ist SEP (A) oder SEP (B). Die Formel des EV lautet aber anders; denn er besitzt weder A noch B und ist danach auszuschließen.

Beispiel 5:

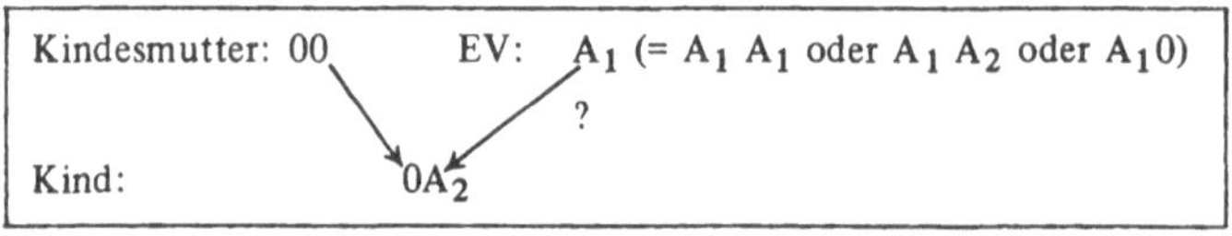

Da die Kindesmutter reinerbig 00 ist, muß die Blutgruppenformel des Kindes im A-B-0-System $A_2 0$ lauten, die uvE ist demnach A_2. Der EV könnte neben dem dominanten A_1 ein rezessives A_2 besitzen, das man durch die direkte Untersuchung nicht nachweisen kann; es ist also wie bei Beispiel (1) nicht unmöglich, daß er der Vater ist. In diesem Falle wäre aber eine Untersuchung der Eltern des EV zu empfehlen, ob vielleicht bei einem Elternteil die häufige (über 40 %) Blutgruppe 0 vorkommt (Ehelichkeit vorausgesetzt).

Die Situation möge dann folgendermaßen sein:

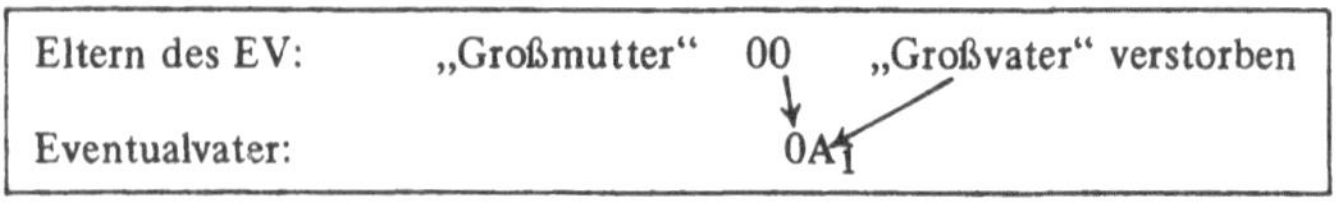

Der Eventualvater muß danach neben dem sichtbaren, weil dominanten A_1 ein Gen für 0 tragen, d.h. er kann kein Gen für A_2 vererbt haben und ist demzufolge (uvE = A_2!) auszuschließen.

Ein etwaiger Ausschluß hat auch dann Gültigkeit, wenn er nur in einem der verschiedenen Systeme erfolgt, da die Vererbung der Merkmale unabhängig voneinander erfolgt.

Beispiel 6: Vaterschaftsausschluß

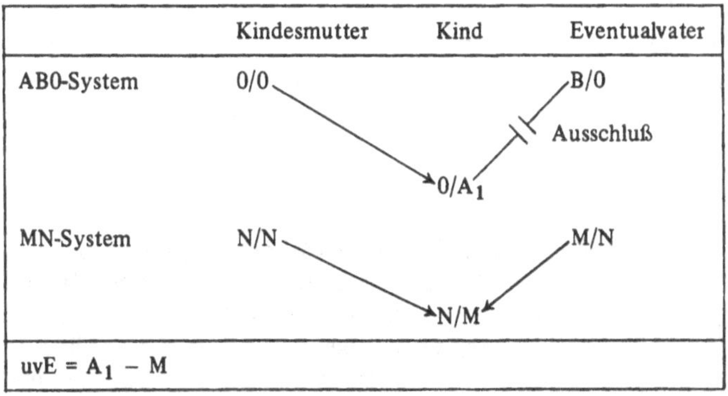

Da der EV zwar ein M-Gen, aber kein A_1-Gen an das Kind vererbt haben kann, ist es „offenbar unmöglich", daß er der Erzeuger ist. Im M-N-System ist kein Ausschluß möglich, da der betreffende Mann das geforderte M-Gen besitzt. Das spielt jedoch keine Rolle aufgrund der Schlußfolgerung, daß er allein auf Grund des AB0-Systems nicht der Vater sein kann. Da zu Beginn der forensischen Blutgruppenarbeit nur die beiden Systeme A-B-0 und M-N zur Verfügung standen, lag die Zahl der Ausschlüsse im gesamten Untersuchungsmaterial nur wenig über 10%.

Bei dem Beispiel 6 handelt es sich um den einfachen Fall, daß ein beim Kind vorhandenes erbliches Merkmal weder bei der Kindesmutter noch beim Eventualvater nachweisbar ist:

Kind:	A_1-positiv	oder	uvE-positiv
Kindesmutter:	A_1-negativ	verallge-	uvE-negativ
Eventualvater:	A_1-negativ	meinert:	uvE-negativ

Ein solcher Ausschluß ist völlig eindeutig und ohne jegliche Einschränkung gültig.

Etwas schwieriger wird die Situation, wenn es sich um einen Ausschluß auf Grund entgegengesetzter Reinerbigkeit handelt:

Beispiel 7:

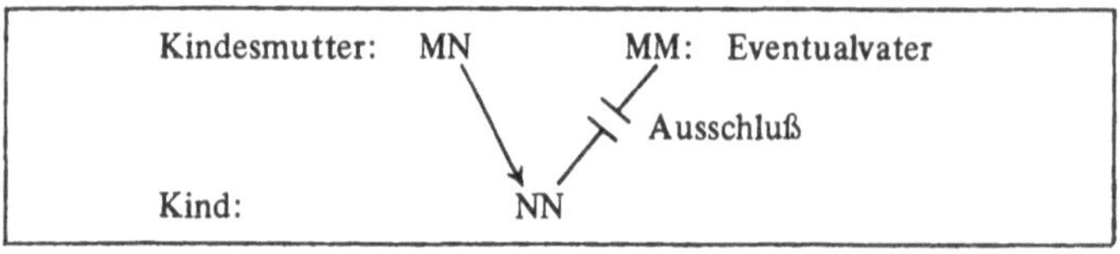

Die unerläßliche väterliche Erbeigenschaft uvE = N ist beim Manne nicht vorhanden, also kann er von der Vaterschaft ausgeschlossen werden. Wenn man jedoch die theoretische Möglichkeit in Betracht zieht, daß eine der im M-N-System beschriebenen sehr seltenen Varianten, z. B. M^g vorliegen könnte, und daß man dieses Merkmal mangels geeigneter Testreagenzien übersehen haben könnte, dann hat man folgende Situation:

	anti-M	anti-N	anti-M^g [14]
Kind:	negativ	positiv = NN	(positiv) = NM^g
Kindesmutter:	positiv	positiv = MN	(negativ) = MN
Eventualvater:	positiv	negativ = MM	(positiv) = MM^g

dementsprechend:

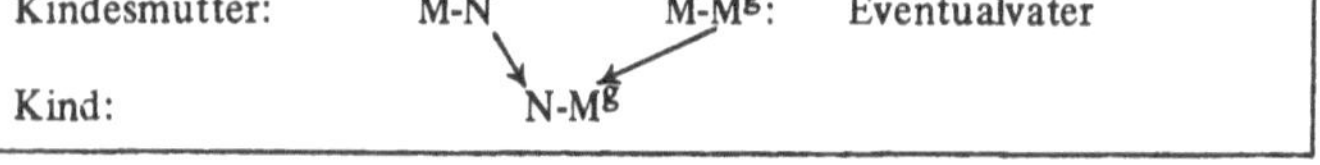

[14] z. Z. nicht verfügbar.

Jetzt ist es kein Ausschluß mehr, sondern im Gegenteil ein um so gewichtigerer Hinweis für eine Vaterschaft, je seltener die Variante ist. In dem Abschnitt über Fehlerquellen wird auf dieses Dilemma nochmals eingegangen (vgl. 5.6, S. 64).

Da heute nicht mehr nur zwei Merkmalsysteme wie in der Vorkriegszeit, sondern im Mittel etwa 15 verschiedene und voneinander unabhängige Systeme herangezogen werden, kommt es nicht selten vor, daß sich die Ausschlüsse bei einem Mann häufen. Dies gibt einem Ausschluß zwar kein größeres Gewicht; denn es muß nochmals betont werden, daß ein einziger eindeutiger Ausschluß völlig genügt. Wenn aber neben einem solchen eindeutigen Ausschluß: Merkmal uvE beim Kinde positiv, bei Kindesmutter und Eventualvater negativ, noch ein Reinerbigkeitsausschluß hinzutritt, dann brauchen Richter und Gutachter keine Skrupel wegen etwaiger Varianten zu haben. Nur können sich nicht zwei „halbwertige" Ausschlüsse zu einem „vollwertigen" addieren.

Beispiel 8 für einen Vaterschaftsausschluß: (Blgr. 178/71)

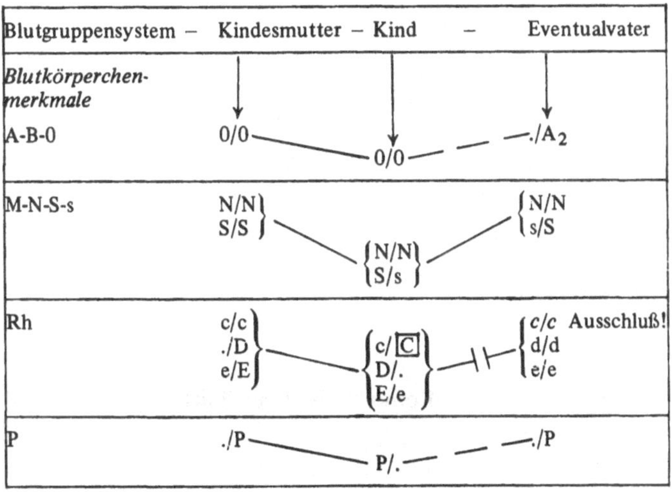

Beispiel 8 (Fortsetzung)

Blutgruppensystem –	Kindesmutter –	Kind –	Eventualvater
Kell	k/k	k/k	k/k
Duffy	b/b	b/[a]	*b/b* Ausschluß!
Blutkörperchen-enzyme			
SEP	A/B	B/A	A/B
PGM	1/1	1/[1]	*2/2* Ausschluß!
AK	1/1	1/1	1/1
Serumeigenschaften			
Hp	1/2	2/[2]	*1/1* Ausschluß!
Gc	1/1	1/1	1/1
Gm	./1 pos ./2 pos	1 pos/. 2 pos/.	./1 pos ./2 neg
InV	./1 neg	1 neg/.	./1 neg

(Ein Punkt bedeutet, daß an dieser Stelle über das Merkmal nichts ausgesagt werden kann.)

Daraus ergibt sich der Komplex der unerläßlichen väterlichen Erbeigenschaft:

uvE = 0 – (Ns) – (C..) – Fy^a – PGM^1 – AK^1 – Hp^2 – Gc^1.

Da der in Anspruch genommene Mann weder ein Gen für C noch für Fy^a noch für PGM^1 noch für Hp^2 an das Kind vererbt haben kann, ist es unmöglich, daß er der Erzeuger des Kindes ist. Bei diesem Vierfach-Ausschluß sind zwei Ausschlüsse nach dem Schema des Beispieles 6 (Merkmal beim Kinde vorhanden, bei der Mutter und dem Putativvater fehlend) und zwei Reinerbigkeitsausschlüsse wie im Beispiel 7. Vorbehalte brauchen in diesem Falle nicht gemacht zu werden.

Wenn ein Mann bereits ausgeschlossen ist, hat es natürlich keinen Sinn mehr, noch ein zusätzliches biostatistisches Gutachten zu verlangen.

Über die Häufigkeit von Ausschlüssen in der Gutachterpraxis geben folgende beiden Tabellen Auskunft:

Tab. 2: Häufigkeit von Ein- und Mehrfachausschlüssen[15]

Bei 705 Gutachten wurden bei 307 Gutachten Ausschlüsse ausgesprochen. Dabei erfolgte der Ausschluß auf Grund der Ergebnisse in x Systemen:

Zahl der Fälle	Zahl der Systeme
124mal in	einem
115mal in	zwei
83mal in	drei
39mal in	vier
9mal in	fünf
5mal in	sechs

[15] Die Tabellen 2 und 3 sind dem Jahresbericht des Hygiene-Instituts des Ruhrgebiets zu Gelsenkirchen für das Jahr 1972 von *Wüstenberg* und *Primavesi* entnommen.

Tab. 3: Häufigkeit der Ausschlüsse in den verschiedenen Systemen:

System	Häufigkeit der Ausschlüsse (insges. 836) in %	
1. Rhesus	139 =	16,6 %
2. Saure Ery-phosph.	89	10,6
3. MN	85	10,2
4. AB0	81	9,7
5. Hp	76	9,1
6. Ss	71	8,5
7. Gc	65	7,8
8. PGM	58	6,9
9. Gm (1 und 2)	42	5,0
10. AK	25	3,0
11. ADA	24	2,9
12. Fy (a und b)	22	2,6
13. InV (1)	20	2,4
14. K/k	15	1,8
15. P	14	1,7
16. PGD	5	0,6
17. A-Untergruppen	3	0,4
18. Kidd (Ik a und b)	2	0,2

4.3 Ausschlußchancen für zu Unrecht in Anspruch genommene Nichtväter[16]

Definitionen: Man muß unterscheiden

1. zwischen der *mittleren Ausschlußchance*, die von den benutzten Blutgruppensystemen abhängt und wächst, je mehr Systeme angewendet werden, die aber keinen Bezug nimmt auf den vorliegenden Gutachtenfall, und

2. der speziellen *Ausschlußwahrscheinlichkeit für Nichtväter* (Abkürzung: AW$\bar{V}$, wobei $\bar{V}$ das Symbol für einen Nichtvater

[16] *Riedwyl, H.:* Ärztl. Labor 16, 86 (1970)
Ritter, H.: Fam. R.Z. 1973. 121 (Heft 3)
Spielmann, W.: D. Ärzteblatt 1973. 1264 (Heft 19)
Gathof, G. E., W. Hörlin und *W. Martin:* 4. Tagung d. Gesellschaft f. forensische Blutgruppenkunde, Trier 1972
Speiser, P.: Z. Immun. Forsch. 143. 203 (1972).

bedeutet) im Einzelfall, die von der vorliegenden Kind-Kindesmutter-Kombination abhängt.

Die spezielle Ausschlußwahrscheinlichkeit kann sowohl niedriger als auch höher sein als die allgemeine Ausschlußchance. Die mittlere Ausschlußchance läßt sich mit entsprechenden Formeln sowohl für ein einzelnes System als auch für Kombinationen von verschiedenen Systemen berechnen (vgl. Abb. 4). Aus der Abb. 4 kann man erkennen, daß mit den zur Zeit am meisten gebräuchlichen 12 Systemen eine mittlere Chance besteht, fast 95 % der zu Unrecht in Anspruch genommenen Männer von der Vaterschaft auszuschließen. Da für einen wechselnd großen Teil der in Anspruch genommenen Männer aber die wirkliche biologische Erzeugerschaft angenommen werden

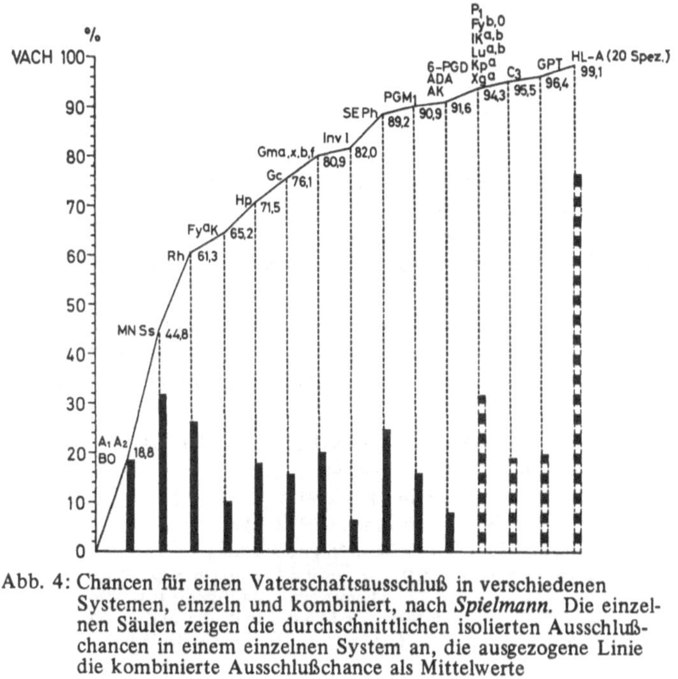

Abb. 4: Chancen für einen Vaterschaftsausschluß in verschiedenen Systemen, einzeln und kombiniert, nach *Spielmann*. Die einzelnen Säulen zeigen die durchschnittlichen isolierten Ausschlußchancen in einem einzelnen System an, die ausgezogene Linie die kombinierte Ausschlußchance als Mittelwerte

muß, ist der Prozentsatz der Ausschlüsse in dem Gutachtenmaterial natürlich geringer. Man kann auch erkennen, daß die Kurve immer flacher wird. Die theoretische Möglichkeit, mit immer mehr zusätzlichen Systemen eine fast hundertprozentige Ausschlußmöglichkeit für jeden zu Unrecht in Anspruch genommenen Mann zu erreichen, würde indes einen Aufwand erfordern, der in keinem Verhältnis zum Erfolg steht. Eine besonders hohe Ausschlußchance bietet indes neuerdings das HL-A-System mit 76 % isoliert und über 99 % in Kombinationen mit anderen Systemen (*Gürtler*[17] 1973, *Seidl*[18] u. a. 1973).

Außer dieser pauschalen Berechnung der Ausschlußchancen kann man auch für jeden einzelnen Fall abschätzen, wie groß die Ausschlußchancen für Nichtväter sind. *Hummel*[19,27] hat in seinen Tabellen von 1971 dafür besondere Logarithmen angegeben. *Ritter*[20] (1973) und *Zimmermann*[21] (1973) berechnen die Wahrscheinlichkeit für Ausschlüsse von Nichtvätern im Einzelfall: Ist p die Häufigkeit bzw. Seltenheit der uvE, dann ist (1 – p) = q die Zahl aller Männer, die die uvE nicht besitzen, also auszuschließen sind.

1. Beispiel: Zur Vereinfachung wird eine uvE aus nur einem Merkmal angenommen, das zudem noch im 1. Beispiel sehr häufig sein soll, mit einer Genfrequenz um 50 %. Geeignet dafür ist das MN-System. Wir nehmen als uvE das Gen „M" mit einer Genfrequenz[22] von 0,544[23] an und wollen wissen, wieviel Männer man voraussichtlich wird ausschließen können. Da 4 von 5 Männern M allein als MM oder in Kombination mit N als MN besitzen, ist die Ausschlußchance q mit 20 % gering.

[17] *Gürtler, H.:* 5. Tagung Ges. forens. Blgr.kunde, Amsterdam 1973.

[18] *Seidl, S.* u. *Spielmann, W.:* ebenda.

[19] *Hummel, K.:* Amtsvormund 1972. 91.

[20] *Ritter, H.:* l.c. und Amtsvormund 1972. 388.

[21] *Zimmermann, W.:* NJW 1973. 546 (Heft 13).

[22] Die Gesamtmenge = 100 % wird in mathematischer Schreibweise 1,00 geschrieben. Kommt die uvE mit einer Häufigkeit = p von 10 % vor, dann ist p = 0,10. Bei 90 % der Männer muß die uvE demnach fehlen (Nichtvorhandensein der uvE = q = 0,90). Es ist demnach (p + q) = 1.

2. Beispiel: Günstiger liegen die Verhältnisse bei einem Gen oder Genkomplex, der nur zu etwa 1 % in der Bevölkerung vorkommt. Als Beispiel diene das Gen C^w mit einer Genfrequenz von 1,3 % und einer Vorkommenshäufigkeit in der Bevölkerung von etwa 2,6 %. Also p = 0,026, q = (1 – p) = = 0,974. Die Ausschlußwahrscheinlichkeit für Nichtväter q beträgt 0,974, also 97,4 %. Ganz allgemein kann man sagen, daß bei einer Häufigkeit der uvE unter 5 % die Ausschlußwahrscheinlichkeit für Nichtväter über 95 % liegt.

In der Schweiz wird neuerdings bei Vaterschaftsprozessen an Stelle eines positiven Hinweises auf die Vaterschaft nur die spezielle Ausschlußwahrscheinlichkeit für Nichtväter nach *Riedwyl*[24] berechnet *(Hässig)*[25].

4.4 Möglichkeiten positiver Hinweise für die Vaterschaft[26]

Bei der Bestimmung der Blutgruppenformeln von Kind, Kindesmutter und Eventualvater findet man nicht selten – ähnlich wie bei anthropologischen Gutachten äußerliche – so hier nur serologisch erkennbare Ähnlichkeiten zwischen dem Kind und einem Eventualvater. Sie fallen um so mehr auf, je mehr Kind und Kindesmutter differieren, und sie könnten darauf schließen

[23] Man muß unterscheiden zwischen den berechneten *Genfrequenzen* z. B. für M 0,544, für N 0,456; ferner den *Frequenzen der Phänotypen*, die empirisch ausgezählt werden, z. B. für (abgerundet): M 30 %, N 20 %, MN 50 %, und der *Vorkommenshäufigkeit der Haplotypen:* M kommt in den Genotypen MM (= 30 %) und MN (= 50 %), zusammen bei 80 % vor; N bei NN (= 20 %) und MN (= 50 %), also zusammen bei 70 % der Bevölkerung (auch „Häufigkeit der Anlagenträger" genannt).

[24] *Riedwyl, H.:* Gutachten.

[25] *Hässig, A.:* 5. Tagung Gesellschaft forens. Blutgr.kunde, Amsterdam 1973.

[26] Nach einem Vortrag von *W. Zimmermann* über „die derzeitigen Möglichkeiten des Abstammungsnachweises und ihre kritische Beurteilung" im Rahmen einer Tagung der Deutschen Richterakademie über „Recht und Medizin", am 6. 11. 1973 in Trier.
Zimmermann, W.: NJW 1973, 546 (Heft 13).
BGH, Urt. v. 6. 6. 73-IV ZR 164/71 (Düsseldorf), ref. NJW 1973. 1924 (Heft 43).
Richtlinien für die Erstattung von Blutgruppengutachten. Nachtrag Biostat Auswertung: Bds. Gsd. bl. 1972. 31.

lassen, daß das Kind tatsächlich von diesem Manne abstammt. Der vom neuen Nichtehelichenrecht verlangte Abstammungsnachweis kann auf Grund dieser serologischen Ähnlichkeiten und mit Hilfe von statistischen (nicht „biostatischen") Methoden allerdings nur mit einer gewissen Wahrscheinlichkeit, nie mit absoluter Sicherheit geführt werden.

Ist die Statistik für die Beantwortung der an den Sachverständigen gestellten Frage nach dem Vater geeignet?

Statistik ist eine Wissenschaft von Massenerscheinungen. Aus großen Zahlen werden bestimmte Gesetzmäßigkeiten abgeleitet. Die Ergebnisse gelten primär auch nur wieder für große Mengen. Wenn man aus dem für große Mengen gültigen Gesetz auf einen Einzelfall rückschließen will, dann kann man kein Ergebnis nach *Adam Riese* erwarten, bei dem 2 x 2 = 4 ist, sondern man erhält nur eine mehr oder minder große *Wahrscheinlichkeit* dafür, daß das erwartete Ereignis eintritt. Man muß aber auch damit rechnen, daß in einem Teil der Fälle diese Erwartung nicht eintrifft, daß also bei der hier vorliegenden Frage der „errechnete Vater" in Wirklichkeit doch nicht der biologische Vater ist. Wenn man sich darüber im klaren ist, daß man nicht mit absoluten Zahlen, sondern nur mit wenn auch großen Wahrscheinlichkeiten rechnet, und wenn man die Fehlergrenzen kennt, dann kann man die Methode der Statistik auch im Blutgruppengutachten anwenden.

4.4.1 Die verschiedenen Verfahren zur Berechnung der Vaterschaftsplausibilität[27]

Tab. 4: Vaterschaftsplausibilität

Berechnung aufbauend auf			
Terzetten Kind–Mutter–fragl. Vater		*Dubletten* Kind–Kindesmutter	
Essen-Möller	*Walter* u. a.	*Fiedler* u. a.	*Zimmermann* u. a.
1/(1 + Y/X) *Bayes*sches Theorem	Y/X Likelihood-Verhältnis	Z W = (1 – Z)	seltene uvE Binomialformel

Bei den in Deutschland vorgeschlagenen Verfahren kann man zwei Gruppen mit je zwei Modifikationen unterscheiden, insgesamt also vier Methoden. Die erste Gruppe arbeitet mit vollständigen *Terzetten* Kind–Kindesmutter–Eventualvater, die zweite Gruppe geht von der *Dublette* Kind–Kindesmutter aus und zieht daraus den Schluß, ob der Putativvater dazu als Vater paßt.

Zur ersten Gruppe gehört das wohl bekannteste Verfahren nach *Essen-Möller*, das in Deutschland auch von den Anthropologen benutzt wird und den Blutgruppensachverständigen vor allem durch die gedruckten Tabellen von *Hummel* nahegebracht wurde. Dazu gehört auch das Verfahren von *Schulze-Mönting* u. *Walter*. Die zweite Gruppe umfaßt die Methoden von *Fiedler-Hoppe-Pettenkofer* sowie die von *Stutz-Zimmermann-Kaiser.*

1. Gruppe: Nach *Essen-Möller* nimmt man an, daß eine Gruppe von genetischen Informationen für Blutmerkmale innerhalb der Gesamtbevölkerung, die Väter und Nichtväter umfaßt, in einer bestimmten Häufigkeit, z. B. bei 3 % vorkomme (es werden hier absichtlich die von *Hummel* in seinem ersten Buch gegebenen beispielhaften Zahlen wiederholt). Als Symbol für diese Häufigkeit wurde Y gewählt. *Essen-Möller* nimmt mit Recht an, daß die gleiche Merkmalgruppe bei wirklichen Vätern häufiger vorkommt, beispielsweise bei 17 %. Als Symbol für die Häufigkeit unter wirklichen Vätern gilt X. Unter der Voraussetzung, daß wahre Väter gleich häufig wie falsche zur Begutachtung gelangen, mit anderen Worten, daß ihre a-priori-Wahrscheinlichkeit je 0,5 beträgt, finden sich unter 200 in Anspruch

[27] *Essen-Möller, E.* u. *C. E. Quensel:* Dtsche Ztschr. ges. gerichtl. Med. 31. 70 (1939).
Hummel, K.: Die med. Vaterschaftsbegutachtung mit biostatistischem Beweis. G. Fischer Verlag Stuttgart 1961.
–, *K.:* BdsGsd.bl. 1969. 379 (Nr. 23).
–, *K., P. Ihm* u. *V. Schmidt:* Biostatistische Abstammungsbegutachtung. Tabellenwerk G. Fischer Verlag Stuttgart, Teil 1: 1971, Teil 2: 1973.
Wehner, H. D. u. *Chr. Rittner,* Manuskript 1973.
Hummel, K.: Zbl. Jugendrecht 59. 137 (1972).
Ritter: Gutachten, ref. Amtsvormund 1973. 600 (Heft 11).

genommenen Männern 3 + 17 = 20 Merkmalträger, darunter 17 von 20 = 85 % echte Väter. Die Werte für X und Y kann man an Hand der empirisch ermittelten Häufigkeiten der verschiedenen Phänotypen in der Bevölkerung mit Hilfe von Computern zahlenmäßig angeben, vor allem auch den wichtigen Quotienten Y/X. Diese Quotienten wurden zur Rechenerleichterung logarithmiert, sie sind für die verschiedenen Blutmerkmalsysteme aus gedruckten Tabellen (*Hummel*) zu entnehmen. Mathematische Grundlage des *Essen-Möller-Verfahrens* ist das sog. *Bayes*sche Theorem[28].

Tab. 5: Berechnung nach Essen-Möller

Beispiel: Häufigkeit einer Merkmalgruppe in der Gesamtbevölkerung: 3 %

Häufigkeit unter wahren Vätern: 17 %

Vaterschaftsplausibilität $\frac{17}{17 + 3} = 85\,\%$

allgemein $\frac{x}{x + y} = W\,\%$

umgeformt $W = \frac{1}{1 + \frac{y}{x}}$

Die Freiburger Mathematiker *Schulte-Mönting* u. *Walter* haben auf das *Bayes*sche Theorem und damit vor allem auf die a-priori-Wahrscheinlichkeit von 1 : 1 für Väter und Nichtväter verzichtet. Sie arbeiten mit dem sog. *Likelihoodverhältnis* L = Y/X,

[28] Das *Bayes*sche Theorem lautet:

$$P(A_i/E) = \frac{P(A_i) \cdot P(E/A_i)}{P(A_i) \cdot P(E/A_i) + \ldots P(A_n) \cdot P(E/A_n)}$$

A_i und A_n sind sich ausschließende Ereignisse (Vater bzw. Nichtvater). Die Formel gibt die Wahrscheinlichkeit dafür an, daß ein Ereignis A_i eintrifft, vorausgesetzt daß das Ereignis E bereits eingetroffen ist. Die Erläuterung dazu möge in mathematischen Lehrbüchern, z. B. in *Sachs, L.:* Statistische Auswertungsmethoden, Springer-Berlin 1968, nachgelesen werden.

das ähnlich wie bei *Essen-Möller* definiert ist. Das Likelihoodverhältnis gibt an, wieviel mal häufiger der vorliegende Phänotyp des in Anspruch genommenen Mannes bei Nicht-Väter-Terzetten als bei echten Väter-Terzetten auftritt. Ein L = 10 bedeutet also, daß der bei dem Putativvater gefundene Phänotyp bei Nichtvätern zehnmal häufiger ist als bei echten Vätern, während andererseits ein L = 0,1 bedeutet, daß ein solcher Phänotyp bei echten Vätern zehnmal häufiger zu finden ist als bei Nichtvätern. Je kleiner L, desto größer ist also die Wahrscheinlichkeit dafür, daß der betreffende Mann der wirkliche Vater ist. Die abstrakte Zahl L wird von *Schulte-Mönting* u. *Walter*[29] der Angabe von Vaterschaftswahrscheinlichkeiten in Prozenten vorgezogen. Sie geben auch den zu erwartenden Fehler an, z. B. bei einem L = 0,100 in der Form, daß der Wert von 0,1 als Trennwert verwendet wird: „Würde man in diesem Fall den Eventualvater als Nichtvater erklären, dann müßte man es in allen Fällen, in denen ein größerer Wert von L auftritt, auch tun. Dies würde bedeuten, daß 32 % der echten Väter fälschlicherweise zu Nichtvätern erklärt werden. Würde man in diesem Falle dagegen den betreffenden Mann als echten Vater erklären, dann müßte man es in allen Fällen, in denen ein niedrigerer Wert von L auftritt, auch tun, und dies würde bedeuten, daß 2 % aller Nichtväter fälschlicherweise zu Vätern und 15 % aller derjenigen Nichtväter, die nicht ausgeschlossen werden konnten, fälschlicherweise zu Vätern erklärt werden würden" *(Walter).*

2. Gruppe. Primär wird nur mit der Dublette Kind–Kindesmutter gearbeitet. *Sachs* u. *Hoppe*[30] veröffentlichten 1960 ein „Verfahren zur Feststellung der Vaterschaft auf Grund blut-

[29] *Schulte-Mönting, J.* u. *E. Walter:* Bds.Gsd.bl. 1972. 257 (Heft 18). *Walter, E.:* Brief vom 5. 11. 73.
Definition von *Walter* für X und Y: X ist die Wahrscheinlichkeit für die Häufigkeit des Vorkommens von echten Kind–Mutter–Vater-Terzetten und Y die Wahrscheinlichkeit für das Auftreten von Kind–Mutter-Dubletten, multipliziert mit der Wahrscheinlichkeit des Vorkommens des Phänotyps des in Anspruch genommenen Mannes in der Gesamtbevölkerung.

[30] *Sachs, V.* u. *H. H. Hoppe:* D. Ztschr. gerichtl. Med. 50. 9 (1960).

gruppenserologischer Reaktionen", das 1968 von *Fiedler, Hoppe* u. *Pettenkofer*[31] weitergeführt wurde. Sie stellen zuerst diejenigen Erbanlagen fest, die das Kind von einem wahren Vater geerbt haben muß. Die Häufigkeit der Kombinationen dieser Merkmale bezeichnen sie als *Zufallswahrscheinlichkeit „Z"*. *Sachs* u. *Hoppe* kommen zu der Schlußfolgerung: „Es wird behauptet, daß dieser Mann (der die geforderten Erbanlagen besitzt, Verf.) der Vater dieses Kindes ist. Wenn das behauptet wird, irrt man sich unter so und so vielen Fällen durchschnittlich so und so oft mal". *Fiedler* und andere führten zusätzlich den Begriff „Z" ein und bezeichneten ihn als den Fehler, der entsteht, wenn man rein zufällig einen Mann mit der gleichen geforderten Erbanlage findet und fälschlich als wahren Vater anspricht. Ist diese Zufallswahrscheinlichkeit gering, dann soll dies ein „positiver Vaterschaftsbeweis" für den in Anspruch genommenen Mann sein. Bei der Berechnung von „Z" wird übrigens nicht nur die Häufigkeit der Phänotypen, sondern auch die der „potentiellen Merkmalträger", d.h. also die der rezessiven Merkmale berücksichtigt. Greift man die in Tabelle 5 als Beispiel gebrachten Zahlen hier wieder auf, also eine Häufigkeit einer Merkmalgruppe in der Gesamtbevölkerung von 3 % – wobei allerdings zu unterscheiden ist, daß es sich bei der „Merkmalgruppe" von *Hummel* nicht um Erbmerkmale handelt, die das Kind *nur* von seinem Vater geerbt haben kann –, dann entspricht ein Z von 3 % dem Prädikat „Vaterschaft wahrscheinlich". Da ein Irrtum von 3 % komplementär zu einem „Nichtirrtum" von 97 % ist, wäre bei diesem Beispiel ein positiver Hinweis von 97 % nach *Fiedler* etwa gleichrangig mit einer Vaterschaftswahrscheinlichkeit von 85 % nach *Hummel*.

Ohne Kenntnis der gleichzeitig in einer anderen Zeitschrift veröffentlichten Mitteilung von *Sachs* u. *Hoppe* haben *Stutz* u. *Zimmermann*[32] 1960 den Vorschlag gemacht, die *Binomial-*

[31] *Fiedler, H., H. H. Hoppe* u. *H. J. Pettenkofer:* Bds.Gsd.bl. 1968. 129 Heft 9/10.

[32] *Stutz, H. R.* u. *W. Zimmermann:* Z. Immun.forschg 119. 479 und 120. 161 (1960). – *Jung, I.:* Med. Diss. Saarbrücken–Homburg 1968.

formel zur Berechnung der Vaterschaftsplausibilität anzuwenden; 1972 wurde dieses Verfahren von *Zimmermann* u. *Kaiser*[33] weiterentwickelt. Sie gingen dabei ähnlich wie andere Autoren von der Annahme aus, daß, je seltener ein Erbmerkmal ist, das zwar beim Kinde, nicht aber bei der Kindesmutter nachgewiesen wurde, desto wahrscheinlicher die Vaterschaft eines Mannes ist, bei dem gerade diese seltene Erbinformation, die auch eine seltene Kombination von an sich gar nicht so seltenen Erbmerkmalen sein kann, nachgewiesen wurde. Aus einem Vergleich der Blutformeln von Kind und Kindesmutter wird die sog. *„unerläßliche väterliche Erbeigenschaft"*, abgekürzt *„uvE"* gewonnen. Die Blutformel irgendeines Mannes ist dabei völlig unerheblich, das Verfahren wird auch dann nicht gestört, wenn der Eventualvater Ausländer ist.

Tab. 6: Bestimmung der uvE

Blutgruppensystem	Kindesmutter	Kind	vom Vater muß stammen:
A-B-0	./A_1	A_1/.	?
MNSs	Ns/Ns	Ns/MS	MS
Rh	c.e/CDe	CDe/c.e	(..e)
Duffy	Fy^b/Fy^a	Fy^a/Fy^a	Fy^a
SEP	A-A	A-B	SEP^B
PGM	1–1	1–1	PGM^1
ADA	1–1	1–2	ADA^2
Hp	1–1	1–1	Hp^1

Die Gene: [A_1 – (Ns) – (CDe) – Fy^a – SEP^A – PGM^1 – ADA^1 – Hp^1] können von der Mutter stammen, da sie beim

33 *Zimmermann, W.* u. *K. Kaiser:* Z. Rechtsmed. 70. 93 (1972). *Zimmermann, W.:* NJW 1973. 546 (Heft 13).

Kinde doppelt oder nur bei der Kindesmutter, nicht beim Manne vorkommen. Dagegen kann der Genkomplex: [(MS) – (..e) – Fy^a – SEP^B – PGM^1 – ADA^2 – Hp^1] nur vom biologischen Erzeuger auf das Kind vererbt worden sein, da die einzelnen Gene dieses Komplexes entweder beim Kinde doppelt oder aber bei der Kindesmutter nicht nachweisbar sind. Dieser zweite Komplex von Genen stellt also die „uvE" dar. Vater kann nur derjenige sein, der den gesamten Genkomplex der uvE besitzt; wenn auch nur ein Faktor fehlte, wäre der betreffende Mann auszuschließen. Man kann den oft zitierten Vergleich von Schlüssel und Schloß auch hierbei anwenden.

Die „uvE" gibt Auskunft über
- → Ausschlußchance
- → Ausschluß
- → positiven Hinweis

Um einen positiven Hinweis aussprechen zu können, muß man wissen, ob die uvE häufig oder selten ist; ihre Häufigkeit in der Population kann man an Hand der bekannten Häufigkeiten der Einzelkomponenten nach den mathematischen Regeln durch Multiplikation berechnen. Dabei wird anders als bei unseren ersten Publikationen weder die Genotypen- noch die Phänotypenfrequenz eingesetzt, sondern die Vorkommenshäufigkeit der Haplotypen[34] (vgl. Fußnote 23), um auch rezessive Gene zu berücksichtigen. Das Symbol für die Vorkommenshäufigkeit ist p_{uvE}.

Beispiel:

$$\text{uvE} = (\text{MS}) - (..\text{e}) - \text{Fy}^a - \text{SEP}^B - \text{PGM}^1 - \text{ADA}^2 - \text{Hp}^1$$

$$p_{uvE} = 0{,}440 \times 0{,}980 \times 0{,}656 \times 0{,}844 \times 0{,}948 \times 0{,}128 \times 0{,}611 = \\ = 0{,}018\ .$$

Diese Multiplikation kann man ohne Computer und auch ohne Logarithmen mit ausreichender Genauigkeit mit einem Rechen-

[34] Bei der Blutgruppe 0 ist z. B. die Genotypenfrequenz 0,636, die Phänotypenfrequenz 0,404, die Vorkommenshäufigkeit des Haplotyps 0 (bei 00, A0 und B0) = 0,891.

schieber oder auch bequemer mit einer multiplizierenden Rechenmaschine ausführen.
Wenn man unter den im Prozeß benannten Männern einen Mann findet, der die geforderte uvE komplett besitzt, den man demnach von der Vaterschaft nicht ausschließen kann, dann könnte man, ähnlich wie bei *Sachs* u. *Hoppe,* versucht sein zu behaupten, daß dieser Mann der Vater des betreffenden Kindes ist. Eine solche Schlußfolgerung wäre aber verfrüht; denn jeder erlebt öfters eine merkwürdige Duplizität ähnlicher Ereignisse. Es könnte also durchaus vorkommen, daß wie in dem Gedankengang von *Fiedler* und Mitarb. ein anderer in die Untersuchung einbezogener Mann nur zufällig der Träger der gleichen uvE, aber nicht leiblicher Vater des Kindes wäre. Darüber hinaus kommt es nicht selten vor, daß sämtliche im Prozeß benannten Männer ausgeschlossen werden, daß also die Kindesmutter den wirklichen Vater, aus welchen Gründen auch immer, nicht genannt hat. Man muß also auch bei sog. Ein-Mann-Fällen grundsätzlich immer mit einem „großen Unbekannten", einem zweiten Mann rechnen, der auch Träger der uvE und vielleicht der wirkliche Vater ist. Die Frage: Wer ist der Vater? spitzt sich damit auf die schärfere Formulierung zu: Wie oft können seltene Ereignisse – hier das Vorkommen der uvE bei zwei Männern – rein zufällig zusammentreffen? Wenn dies praktisch keinmal zu erwarten ist, dann kann man es wagen, den gefundenen uvE-Träger als Vater zu bezeichnen; ist dies dagegen mit einer ins Gewicht fallenden Häufigkeit doch zu erwarten, dann kann man einen solchen uvE-Träger nicht zu den wahren Vätern zählen, die Gefahr eines Fehlurteils wäre zu groß.

Methodisch kann man so vorgehen, daß man die alte Binomialformel von *Jakob Bernouilli* aus dem Jahre 1713 anwendet und mittels zahlreicher – z. B. 1000 –, fortgesetzter, gedachter Stichproben mit je n Männern aus der gesamten Bevölkerung mittels der Binomialformel die Wahrscheinlichkeit berechnet, wie oft dabei ein uvE-Träger ist, wie oft der gefundene uvE-Träger der wahre Vater ist (= Vaterschaftsplausibilität), wie oft man wahrscheinlich einen wahren Vater nicht als solchen erkennt und fälschlich in die Gruppe der Nichtväter einordnet (Fehler 1. Art nach *Neyman* u. *Pearson*) oder wie oft man wahrscheinlich von einem falschen Mann behauptet, daß er der Vater sei (Fehler 2. Art). Die Binomialformel lautet: $(p + q)^n$ [35].

Tab. 7: Beispiel für die Anwendung der Binomialformel:

Die Häufigkeit der uvE sei $p = 0{,}03$ (= 3 %)
Fehlen der uvE = $q = 0{,}97$

Die Stichprobengröße sei n = 2 (1 Putativvater, 1 Unbekannter)

Auszurechnen ist $(p + q)^2 = p^2 + 2pq + q^2$

p^2	$= 0{,}03^2$	$= 0{,}0009$	uvE-Träger = 100 %
$2 \cdot p \cdot q$	$= 2 \cdot 0{,}03 \cdot 0{,}97$	$= 0{,}0582$	
q^2	$= 0{,}97^2$	$= 0{,}9409$	(Ausschlüsse)
		1,0000	

Vaterschaftsplausibilität = $\frac{1}{2}p^2 + 2pq = 99{,}2\,\%$

Fehlerwahrscheinlichkeit = $\frac{1}{2}p^2 = 0{,}8\,\%$ (1. = 2. Art)

4.4.2 **Kritische Beurteilung der verschiedenen Verfahren**[36]

Bei den Verfahren, die mit dem Quotienten Y/X arbeiten, sind die Definitionen für Y nicht ganz kongruent. Manchmal wird Y als die Häufigkeit eines phänotypischen Merkmals nur bei

[35] Als Modell denke man sich eine Urne mit 1000 Kugeln, von denen 30 rot sind. Die Größe einer Stichprobe möge n = 2 sein. Man zieht nun 500mal je 2 Kugeln, notiert die Farben, und legt jedesmal die beiden Kugeln wieder in das Gefäß zurück und mischt. Insgesamt wurden also 1000 Kugeln entnommen. Da sehr viel mehr weiße als rote Kugeln vorhanden sind, spricht die Wahrscheinlichkeit dafür, daß man meistens nur weiße Kugeln zieht (= Ausschluß), nur manchmal wird eine rote Kugel dabei sein (= uvE-Träger), vielleicht gelegentlich auch einmal zwei. Die Binomialformel sagt aus, wie oft man wahrscheinlich zwei rote Kugeln (= zweimal Männer mit der uvE) zieht: Bei 1000 Versuchen (= 500 Ziehungen) und einer Häufigkeit der uvE von z. B. 3 % knapp einmal. Da man auch weiße Kugeln zieht (= Nichtvorhandensein der uvE bei den Probanden), kann man nicht einfach die Häufigkeiten p multiplizieren (p^2), wie es früher einmal von anderer Seite vorgeschlagen worden ist, sondern man muß $(p + q)^n$ berechnen.

Nichtvätern, zum andern als die gleiche Häufigkeit in der Gesamtbevölkerung, also bei Vätern und Nichtvätern gekennzeichnet. Außerdem wird stillschweigend vorausgesetzt, daß der biologische Vater in die Untersuchung einbezogen wird, eine Voraussetzung, die wie oben ausgeführt nicht stimmen kann, wenn alle benannten Männer und Mehrverkehrszeugen auszuschließen sind. Man muß annehmen, daß falsche Angaben auch dann vorkommen, wenn nicht ein Ausschluß auf die Unwahrheit hinweist.

Die Kritik an dem *Essen-Möller*-Verfahren setzt vor allem an der postulierten a-priori-Wahrscheinlichkeit von Vätern zu Nichtvätern von 1 : 1 ein. Diese Voraussetzung stimmt nach *Vogel* u. *Helmbold* sowie *Ritter* und nach den eigenen Erfahrungen nicht. Insbesondere haben *Vogel* u. *Helmbold* darauf hingewiesen, daß sich durch die Einbeziehung von immer mehr Blutmerkmalsystemen die Ausschlußchance für Nichtväter bis auf ca. 95 % so verbessert hat, daß sich die wirklichen, biologischen Erzeuger bei den nicht ausgeschlossenen Männern stark anreichern. Man muß außerdem berücksichtigen, daß selbst bei einem Verhältnis von Vätern (V) zu Nichtvätern ($\bar{V}$), das summarisch dem 1 : 1 relativ nahe kommt, im einzelnen der Quotient je nach Art des Prozesses stark schwankt. *Hummel* u. *Schmidt* haben zwar einen Korrekturfaktor zur Berechnung realistischer a-priori-Wahrscheinlichkeiten angegeben, aber es genügt nicht, nach Ein-, Zwei- und Dreimannsachen zu unterscheiden, sondern man muß auch differenzieren, ob es sich

1. um einen Beklagten in einem Unterhaltsprozeß handelt,
2. um einen Kläger bei der Anfechtung der Ehelichkeit,

und ähnlich bei den Mehrverkehrszeugen (MVZ), ob es

36 *Hummel, K.* u. *V. Schmidt:* Z. Immun.forschg. 139. 407 (1970).
Ritter, H.: Fam. RZ 1973. 121 (Heft 3).
Rünger, J.: Med. Diss. Bonn 1973.
Schulte-Mönting, J. u. *K. Hummel:* Z. Immun.forschg. 139. 212 (1970).
Vogel, F. u. *W. Helmbold:* In „Humangenetik" Bd. I/4, herausgegeben von *P. E. Becker*, S. 355, Thieme-Verlag Stuttgart 1972.
Wehner, H. D. u. *Ch. Rittner:* Z. Rechtsmed. 69. 125 (1971).
Wehner, H. D., H. P. Baur, J. Rünger u. *Ch. Rittner,* Manuskript 1973, im Druck.
Schmoranzer, V.: Med. Diss. Saarbrücken–Homburg 1975.

3. ein im Unterhaltsprozeß vom Beklagten benannter Mehrverkehrszeuge ist, oder

4. ein Mehrverkehrszeuge in einem Anfechtungsprozeß, der nicht selten die inzwischen geschiedene Frau geheiratet hat, weil er selber annimmt, daß das Kind von ihm stammt. Die folgende Tabelle Nr. 8 wurde vor einigen Jahren aus eigenem Aktenmaterial zusammengestellt, als „positiver Hinweis" wurden dabei übereinstimmende Ergebnisse nach *Essen-Möller* und nach *Stutz-Zimmermann* gewertet; die unentschiedenen Fälle wurden im Verhältnis 1 : 1 den „Vätern" (= positiver Hinweis) bzw. den „Nichtvätern" (= Ausschlüsse) zugeschlagen, um einen ersten Anhalt für ein realistischeres $V/\bar{V}$-Verhältnis zu erhalten:

Tab. 8: Verhältnis von Nichtvätern zu Vätern im Gutachtenmaterial

Situation	Zahl der Männer	Ausschlüsse = Nichtväter	unentschieden ½	unentschieden ½	posit. Hinweis	Quotient $\bar{V}/V$
alle Männer	524 = 100 %	211	76	76	161	1,2
Vaterschaftssache						
Bekl.	260	55	47	47	111	0,65
MVZ	102	78	7	7	10	5,0
Anfechtungssache						
Kläger	110	66	16	16	12	3,0
MVZ	52	12	6	6	28	0,53

Diese Einwände gegen den a-priori-Quotienten $V/\bar{V}$ sind der Grund, warum die Mathematiker *Schulte-Mönting* u. *Walter* auf das *Bayes*sche Theorem und damit auf eine a-priori-Wahrscheinlichkeit von 1 : 1 ganz verzichtet haben und nur noch mit dem Likelihood-Verhältnis L = Y/X operieren. Da aber ausgedruckte Tabellen insbesondere auch für die verschiedenen Kombinationen von Merkmalsystemen fehlen und die Ergebnisse in ihrer abstrakten mathematischen Ausdrucksweise für einen mathematischen Laien schwer verständlich sind, wird dieses sicher korrekte Verfahren meines Wissens kaum angewendet.

Den beiden nicht von Terzetten, sondern von *Kind-Mutter-Dubletten* ausgehenden Verfahren von *Fiedler* u. Mitarb. bzw. *Zimmermann* u. Mitarb. wird von den Anhängern des *Essen-Möller*-Verfahrens vorgeworfen, daß sie nicht mit der vollen Information der kompletten Terzette arbeiten, also auf einen Teil möglicher Informationen verzichten. Theoretisch ist dies zwar völlig richtig, aber in der Praxis wirkt sich dieser Informationsverlust in der Regel nicht aus. Auch bei den Terzett-Verfahren kann man die gefundenen Vaterschaftswahrscheinlichkeiten in Prozenten nur dann für eine Annahme der Vaterschaft verwerten, wenn die gefundenen Prozentzahlen sehr hoch sind, der immer vorhandene Fehler also möglichst klein bleibt. In diesen Fällen wirkt sich die weitgehende serologische Ähnlichkeit zwischen Kind und Vater aber auch so aus, daß in der Regel die Vaterschaftsplausibilitäten in allen Verfahren praktisch fast gleich hoch sind.

Der wesentlichste Unterschied zwischen dem *Fiedler*schen und dem *Zimmermann*schen Verfahren scheint die Art der Berechnung der Fehlerwahrscheinlichkeit zu sein. *Fiedler* u. Mitarb. setzen sie gleich der Zufallswahrscheinlichkeit Z, d. h. gleich der Häufigkeit, mit der die unerläßliche väterliche Erbeigenschaft in der Gesamtpopulation und damit bei Nichtvätern vorkommt. Greifen wir das Beispiel aus Tabelle 5 wieder auf und nehmen ein Z von 3 % an. Dann soll die Fehlerwahrscheinlichkeit, einen Nichtvater, der nur zufällig Träger der uvE ist, zum Vater zu deklarieren, = Z = 3 % sein. Im Extremfall von 100 Männern und einer Frau fänden wir also der Häufigkeit der uvE entsprechend etwa drei uvE-Träger. Die übrigen 97 Männer wären schon auf Grund der Blutgruppenformeln auszuschließen, weil sie nicht die volle uvE besitzen. Unter den drei uvE-Trägern müßte sich aber auch der wirkliche Vater befinden. Der Fehler ist also kleiner als Z und im Normalfall mit nur einem nicht ausgeschlossenen Mann unter mehreren wesentlich geringer; in unserem Beispiel für die Anwendung der Binomialformel liegt er für eine Häufigkeit der uvE von 3 % bei 0,8 %. Denn nicht die Häufigkeit der uvE = Z entspricht der Irrtumswahrscheinlichkeit, sondern die mit der Binomialformel errechenbare Häufigkeit des zufälligen Zusammentreffens des biologischen Vaters mit einem Nichtvater, der ebenfalls Träger der gleichen seltenen uvE ist.

4.4.3 Fehlermöglichkeiten bei der biostatistischen Berechnung

Bei allen Wahrscheinlichkeitsberechnungen muß man zwei Arten von Fehlern annehmen *(Neyman-Pearson)*[37]: Man kann:

1. den wirklichen Vater in die Gruppe der Nichtväter einordnen, oder man kann
2. von einem falschen Mann behaupten, daß er der Vater sei.

Die Größe des zu erwartenden Fehlers sollte berechnet und dem Richter mitgeteilt werden. Nach einem Beschluß des OLG Köln[38] ist bei einem erbbiologischen Gutachten bei einer Wahrscheinlichkeit von mehr als 99 % die verbleibende Zufallswahrscheinlichkeit von weniger als 1 % so gering, daß aus der festgestellten Vaterschaftswahrscheinlichkeit mit einem für die Erfordernisse des praktischen Lebens ausreichenden Grad der Gewißheit auf die Abstammung geschlossen werden kann. Man könnte dies auf blutgruppenserologische Gutachten übertragen. Auch der Bundesgerichtshof hat in einem Urteil vom 6. 6. 1973[39] zu der Frage der Irrtumsquote Stellung genommen

[37] *Neyman, J.* u. *E. S. Pearson:* Biometrica 20-A, 177, 263 (1928).

[38] Oberlandesgericht Köln: Beschluß vom 19. 2. 1968, ref. NJW 1968, 2120.

[39] Bundesgerichtshof, Urt. v. 6. 6. 1973 – IV ZR 164/71 (Düsseldorf), ref. NJW 1973, 1924 (Heft 43).

und ist dabei unter anderem zu dem Schluß gekommen, daß es der Beurteilung des Tatrichters überlassen bleiben müsse, welches Irrtumsrisiko noch in Kauf genommen werden kann, daß aber andererseits schon eine Vaterschaftswahrscheinlichkeit kleiner als 95 % schwerwiegende Zweifel an der Vaterschaft begründe.

Eine Fehlerquelle, die allen biostatistischen Verfahren in gleicher Weise eigen ist, ist die *Genfrequenz* und die Voraussetzung der Konstanz dieser Genfrequenz durch *Panmixie,* d. h. einer vollständigen Durchmischung der Bevölkerung ohne wesentliche Isolate, so daß sich die Eltern unabhängig vom Serotyp des Partners paaren. Die Genfrequenzen kann man durch Auszählen der Phänotypen mittels entsprechender Formeln berechnen. Solche Frequenzsammlungen sind von den verschiedensten Seiten vorgelegt worden. Wenn man aber im allgemeinen annimmt, daß die in den *Hummel*schen Tabellen abgedruckten und damit leicht zugängigen Frequenzen, die größtenteils aus dem süddeutschen Raum stammen, für ganz Mitteleuropa bis nach Italien hinein den Berechnungen zugrunde gelegt werden könnten, dann ist dies meines Erachtens zu großzügig. Bei dem vom rheinland-pfälzisch-saarländischen Arbeitskreis der forensischen Blutgruppengutachter gesammelten *(Arndt-Hanser* u. *Walter)*[40] und hier von *W. Heinrich*[41] aufgearbeiteten Material zur Berechnung der Streuung der Werte ergaben sich gewisse, wenn auch meist nur kleine Unterschiede. Auch sonst kennt man ein Häufigkeitsgefälle zwischen Ost und West und zwischen Nord- und Südeuropa. Es fehlt uns eigentlich noch ein statistisch einwandfreier, wirklich für ganz Mitteleuropa gültiger Mittelwert einschließlich der Berechnung der Streuung, so daß man einen sog. Vertrauensbereich abstecken könnte, der mindestens 95 % der in Mitteleuropa zu erwartenden Genfrequenzen in den einzelnen Systemen umfaßt. Das würde zwar doppelte Rechenarbeit erfordern, da

[40] *Arndt-Hanser, A.* u. *H. Walter:* Tagungsbericht der Gesellschaft f. forensische Blutgruppenkunde, Trier, 1972, S. 165.

[41] *Heinrich, W.:* Noch unveröffentlicht, siehe Anhang S. 82 ff.

man dann jeweils die häufigsten und die geringsten Frequenzen in jedem System den biostatistischen Berechnungen zugrunde legen müßte, aber dies wäre meines Erachtens erforderlich. Nur liegen solche Tabellen noch nicht vor.

Ein grundsätzlicher Fehler wäre es auch, wenn man biostatistische Berechnungen bei nahe verwandten Eventualvätern anstellen würde, da dann die Vererbung der Blutmerkmale nicht mehr voneinander völlig unabhängig ist.

Auch wenn die verschiedenen biostatistischen Verfahren zur Berechnung der Vaterschaftsplausibilität in der Regel gleichsinnige positive Hinweise geben, sollte man sich nicht nur auf ein Verfahren verlassen, sondern, wie es auch sonst üblich ist, stets zwei in den Grundlagen verschiedene Methoden anwenden. Wenn sie nicht übereinstimmen sollten, was auch vorkommt, dann muß das Gutachten erweitert werden, z. B. durch das neue System der Transplantationsantigene HL-A oder durch die Heranziehung eines anthropologischen Gutachtens. Der Informationsgewinn für den Richter ist durch die Anwendung biostatistischer Verfahren bei Abstammungsfragen erheblich gestiegen. Aber auch bei einer hohen Wahrscheinlichkeit, Nichtväter ausschließen und den Nichtausgeschlossenen eine hohe Vaterschaftsplausibilität zuweisen zu können, wird immer noch ein kleiner Rest von Fällen bleiben, der trotz Anwendung mathematischer Methoden ungeklärt bleibt[42].

4.5 Gutachten bei Zwillingen

Für Zwillinge gibt *Hummel* in seinen Tabellen besondere Logarithmen an, die auch für Mehrkindersachen gelten. Bei Benutzung der Merkmale der unerläßlichen väterlichen Erbeigenschaft „uvE“ muß der in Anspruch genommene Mann sämtliche Faktoren, die in einem oder in beiden uvE-Komplexen vorkommen, vererben können. Man kann also eine gemeinsame uvE und deren Häufigkeit bzw. Seltenheit feststellen.

[42] Vgl. *Martin, W., G. E. Gathof* u. *K. Heindl:* 5. Tagung der Gesellschaft f. forensische Blutgruppenkunde, Amsterdam, 1973.

Beispiel

	1. Zwilling M.
uvE.:	0 – (Ns) – (C.e) – P – Fy^b – Hp^2 – Pt^A – ADA^1 – AK^1 P_{uvE} = 0,079
	Vaterschaftsplausibilität (Binomialformel): 97,9 % (Essen-Möller-Wert): 90,0 %
	2. Zwilling S.
uvE.:	A_2 – N – (.de) – Fy^a – Hp^1 – Gc^1 – Pt^B – SEP^A – PGM^1 – ADA^1 – AK^1
	P_{uvE} = 0,011
	Vaterschaftsplausibilität (Binomialformel): 99,7 % (Essen-Möller-Wert): 99,9 %
Gemeinsame uvE für beide Zwillinge:	
A_2 – 0 – (Ns) – (Cde) – P – – Fy (a + b) – Hp (2–1) – Gc^1 – Pt (AB) – SEP^A – PGM^1 – ADA^1 – AK^1	
(Wenn bei einem Merkmal mit zwei Allelen beide vorhanden sein müssen, wurde die Häufigkeit dieses Phänotyps eingesetzt.)	

Die Häufigkeit dieser gemeinsamen uvE in der Bevölkerung beträgt 0,000036, d.h., daß nur jeder 30 000. Mann diese Merkmalskombination aufweist. Für die Vaterschaftsplausibilität ergeben sich die Werte (Binomialformel): über 99,97 %
(Essen-Möller-Wert): über 99,99 %.

In diesem Falle (Blgr. 41–42/73) konnte der in Anspruch genommene Mann nicht nur nicht ausgeschlossen, sondern seine Erzeugerschaft als „höchst wahrscheinlich“ bezeichnet werden.

4.6 Gutachten bei verstorbenen oder nicht auffindbaren Probanden

Ist das Kind selber vor der Untersuchung verstorben, so ist keine Aussage mehr möglich. Ist die Kindesmutter verstorben oder nicht auffindbar, so ist manchmal ein Ausschluß auf Grund entgegengesetzter Reinerbigkeit beim Kind und dem Eventualvater möglich.

1. Beispiel

Kind: A_1 – NNss – CCD.ee – Fy (a+, b+) – SEP (AB) –
PGM (1–1) – Hp (2–2) – Gc (1–1)

Kindesmutter: nicht auffindbar

Putativvater: A_1 – MMSs – ccD.Ee – Fy (a–, b+) – SEP (AB) –
PGM (1–1) – Hp (1–1) – Gc (1–1)

uvE.: Ns – (C.e) – PGM^1 – Hp^2 – Gc^1

Ergebnis: Dreifacher Ausschluß in den Systemen N, Rh und Hp. Die uvE kann man hier nicht aus einem Vergleich der Blutformeln von Kind und Kindesmutter ermitteln, wohl aber kann man bei allen beim Kinde reinerbig, also in der Erbanlage doppelt vorhandenen Merkmalen schließen, daß sie je einmal vom Erzeuger stammen müssen. Da der in Anspruch genommene Mann aber die Merkmale N, C und Hp^2 nicht besitzt, kann er unmöglich der Erzeuger sein. Vorbehalte braucht man in diesem Fall nicht zu machen, da die Variante C^w nicht nachweisbar war und man mit dem Vorhandensein von anderen, seltenen Varianten gleichzeitig in drei verschiedenen Systemen nicht zu rechnen braucht.

In einem anderen Falle war ebenfalls die Kindesmutter zuerst nicht auffindbar:

2. Beispiel:

Kind: 0 – MMss – CcD.Ee – Ppos. – K neg. – Fy (a–, b+) –
SEP (BB) – PGM (2–1) – ADA (1–1) – Hp (1–1) –
Gc (2–1) – Gm (1–, 2–) – InV (1–)

Kindesmutter: Zuerst nicht auffindbar, Gutachten ohne sie erstattet,
später doch untersucht:

KM: B – MNss – C^wcD.Ee – Pneg – Kneg – Fy (a–, b+) –
SEP (BB) – PGM (2–2) – ADA (1–1) – Hp (2–1) –
Gc (1–1) – Gm (1–, 2–) – InV (1–)

Kläger: 0 – MNSs – ccddee – Pneg. – Kneg. – Fy (a+, b+) –
SEP (AA) – PGM (1–1) – ADA (1–1) – Hp (2–2) –
Gc (2–1) – Gm (1+, 2–) – InV (1–)

MVZ: A_1 – MMss – C^w.D.ee – Ppos. – Kneg. – Fy (a+, b+) –
SEP (BB) – PGM (2–1) – Hp (1–1) – Gc (2–2) –
Gm (1+, 2–) – InV (1–)

Der Kläger konnte zuerst nur im SEP-System auf Grund entgegengesetzter Reinerbigkeit ausgeschlossen werden; dagegen war es nicht unmöglich, daß der MVZ der Erzeuger war. Später wurde die Kindesmutter doch gefunden und es konnte eine Blutprobe untersucht werden. Jetzt ergab sich nicht nur ein dreifacher Ausschluß für den Kläger, sondern auch mit zwei Verfahren ein positiver Hinweis für den MVZ. Wesentlich war dabei die Erweiterung der uvE, so daß aus einer häufigen eine seltene Merkmalkombination wurde:

uvE ohne KM: 0 – Ms – Fy^b – Hp^1 – SEP^B
Häufigkeit 19,5 %

mit KM: 0 – Ms – (C..) – P – Fy^b – Hp^1 – Gc^2 – SEP^B – PGM^1 Häufigkeit 4,7 %

Manchmal gelingt es, durch eine *Untersuchung der Eltern* der verstorbenen und nicht auffindbaren Kindesmutter deren Blutformel z. T. zu rekonstruieren, sofern Ehelichkeit vorausgesetzt werden kann. Das gleiche gilt auch für einen verstorbenen Mann.

Eine Untersuchung der Eltern eines Beklagten kann auch dann notwendig werden, wenn man nur so den genauen Genotyp festlegen kann:

3. Beispiel:

Kind:	A_2B – MMSS – CCD.ee		
Kindesmutter:	B – MNSs – CCD.ee		
	uvE:	A_2 – (MS) – (C.e)	
Beklagter:	A_1 – MMSS – CcD.ee		

Dem Phänotyp A_1 des Beklagten können die Genotypen $A_1 0$ oder $A_1 A_1$ oder $A_1 A_2$ entsprechen. Nur im letzten Falle kann er der Vater sein. Würde aber durch eine Untersuchung seiner leiblichen Eltern festgestellt, daß ein Elternteil der häufigen

Blutgruppe 0 angehört, dann kann sein Genotyp im AB0-System nur $A_1 0$ lauten. Da er in diesem Fall kein A_2 an das Kind vererbt haben kann, wäre er von der Vaterschaft auszuschließen. Im vorliegenden Beispiel ergab die Untersuchung aber:

Vater des Beklagten:	$A_2 B$ – MMSs – CcD.ee
Mutter des Beklagten:	A_1 – MNSs – CcD.ee

Ein Ausschluß war demnach nicht möglich; im Gegenteil konnte man aus der Blutformel des Vaters des Beklagten: $A_2 B$ vermuten, daß dieser ein A_2-Gen auf seinen Sohn vererbt haben konnte; dem würde dann eine Blutformel des Sohnes $A_1 A_2$ und damit die Möglichkeit entsprechen, das $A_2 B$-Kind gezeugt zu haben.

4.7 Gutachten bei angeblicher Kindesvertauschung

Kindesvertauschungen unmittelbar nach der Geburt sind nicht völlig ausgeschlossen[43a]. In einem solchen Falle kann man durch eine Blutmerkmaluntersuchung unter Umständen auf Grund entgegengesetzter Reinerbigkeit feststellen, daß eine Mutter ein bestimmtes Kind nicht geboren haben kann, oder aber, wenn beide Familien greifbar sind, welche Kd-KM-EV-Kombinationen ausgeschlossen oder umgekehrt sogar wahrscheinlich ist (*Herold* u. a.)[43].

4.8 Gutachten bei ausländischen Probanden

Schon vor dem ersten Weltkrieg sowie zwischen beiden Kriegen sind zahlreiche Arbeiter aus Polen und zum Teil aus Italien nach Deutschland eingewandert. Dazu kommen nach beiden

43 *Herold, K., O. Prokop* u. *S. Tribulowski:* Dtsche Med. Wschr. 1961. 486.

43a Meldung Sbr.Ztg von 24. 8. 74.

Weltkriegen Zeiten, in denen afrikanische Besatzungssoldaten und farbige Amerikaner in Deutschland stationiert waren. Hinzu kommen z. Z. über drei Millionen Gastarbeiter. Man muß darum mit dem Vorkommen von Merkmalen aus fremden Populationen rechnen. Es wäre meines Erachtens falsch, nun jegliche biostatistischen Untersuchungen abzulehnen; denn wenn dabei z. B. ein für Negerpopulationen typisches Merkmal wie S^u oder Fy^c sowohl beim Kind als auch beim Eventualvater gefunden wird, dann ist dies durchaus als positiver Hinweis zu werten. Ebenso sind Ausschlüsse des Typs: Merkmal beim Kind positiv, bei Mutter und Putativvater negativ, eindeutig und ohne Vorbehalt anzuerkennen. Sonst sollte man allerdings mit biostatistischen Berechnungen nach *Essen-Möller* bei Prozessen, in denen Süditaliener, Türken und andere vorkommen, solange zurückhaltend sein, bis die Genfrequenzen in diesen Populationen eindeutig geklärt sind (vgl. *Mourant, Knittel*)[44,45]. Dagegen ist es für die Ermittlung der uvE und die anschließende Anwendung der Binomialformel gleichgültig, aus welchem Volk der Eventualvater stammt.

Da im Ausland meistens kein Zwang zur Duldung der Blutentnahme ausgeübt werden kann, ist es sehr schwierig und manchmal unmöglich, Blutproben zu erhalten[46]. Wenn Blutproben freiwillig gegeben werden, dann ist oft der Postweg so lang, daß die Proben nicht immer in einwandfreiem Zustand beim Sachverständigen eintreffen. Wenn persönliche Beziehungen zu ausländischen Sachverständigen bei der Beschaffung von Blutproben weiterhelfen, dann sollte man auch zugestehen, daß der Gutachter die Blutprobe durch den ausländischen Kollegen untersuchen läßt, um einen zu langen Postweg zu vermeiden.

[44] *Mourant, A. E.:* The distribution of the human blood groups. Blackwell Sc. Publ. Oxford 1954. *Knittel, B.:* Med. Diss. Saarbrücken–Homburg 1975.

[45] *Hummel, K.* u. a.: Humangenetik 8. 330 (1970).
Verschiedene Referate: Amtsvormund 1972. 438; 1973. 417 und 470.
Nijenhuis, L. E.: 5. Kongr. Ges. for. Blutgr.kde Amsterdam 1973.
Ritter, H.: Fam. R. Z. 1973. 121 (Heft 3).

[46] Vgl. Podiumsdiskussion über forensische Blutgruppengutachten im Ausland. 5. Kongreß Ges. forens. Blutgr.kde Amsterdam 1973.

Das Gericht kann in solchen Fällen mit ausländischen Probanden meistens aber dem Gutachter nicht zumuten, allein um die Beschaffung von Blutproben bemüht zu sein. Besser, wenn auch nicht immer erfolgreich, ist der Weg, vom Gericht aus eine deutsche konsularische oder diplomatische Auslandsvertretung um die Beschaffung der Blutproben zu ersuchen.

4.9 **Zweitgutachten**

Die Einholung von Zweitgutachten wird in den „Richtlinien" in besonderen Fällen empfohlen. Sie sollen bei einem anderen Sachverständigen bestellt werden bei einem isolierten Ausschluß in einem der folgenden Systeme:

A_1/A_2 – s – Fy(a) – Gm – InV – Gc – Enzyme – sowie bei allen neu eingeführten Systemen, ferner bei isolierten Reinerbigkeitsausschlüssen C-c, E-e, S-s. Vorbildlich ist die Schweizer Lösung, bei der in *jedem* Falle zwei Sachverständige unabhängig voneinander die Befunde erheben.

Zur Überprüfung der Identität des Probanden, dem eine zweite Blutprobe entnommen wurde, mit demjenigen der ersten Blutprobe soll außer dem Ausschlußsystem noch je ein Merkmal der Erythrozyten-Antigene, der Enzym-Merkmale sowie der Serumeigenschaften untersucht werden. Zweckmäßiger erschiene mir die Wiederholung der Untersuchung bei allen Merkmalen, die in der uvE vertreten sind, sowie die Einholung eines Zweitgutachtens nicht nur in besonderen, sondern grundsätzlich in jedem Ausschlußfall. Zweitgutachten sollten meines Erachtens auch nicht nur bei Ausschlüssen, sondern *auch bei positiven Hinweisen* eingeholt werden, da von diesen Hinweisen auf die tatsächliche, biologische Vaterschaft – wenn ihnen gefolgt wird –, nach der neuen Rechtsprechung noch mehr abhängt als von einem Ausschluß.

5. Fehlermöglichkeiten

5.1 Identifizierung von Probanden

Die Reihe der Fehlermöglichkeiten beginnt mit dem Erscheinen eines Probanden zur Blutentnahme. Es ist kurz nach dem letzten Weltkrieg vorgekommen, daß ein Beklagter einen anderen Mann mit der seltenen Blutgruppe AB zur Blutentnahme vorschickte, denn dieser hat die Chance, bei allen Kindern mit der häufigen Blutgruppe 0 ausgeschlossen zu werden. Der betreffende „Spender“ wiederholte das Spiel etwa ein dutzendmal, bis er entdeckt wurde. Bei Kind und Kindesmutter ist eine solch absichtliche Verwechslung bisher nicht bekannt geworden. Aber man muß unter Umständen damit rechnen, daß unmittelbar nach der Geburt in einem Krankenhaus Kinder vertauscht worden sind. Manchmal ist dies an einer blutgruppenserologischen Unvereinbarkeit der angeblichen Kindesmutter mit dem Kind erkennbar, aber eben nur manchmal, nicht immer. Es wäre wünschenswert, wenn Gericht und Jugendamt dem Gutachter bei der einwandfreien Identifizierung von Probanden helfen würden, indem sie Unterschriftsproben, Lichtbilder, Fingerabdrücke und bei Kleinkindern Fußabdrücke den an den Gutachter gesandten Unterlagen beifügten.

5.2 Mögliche Verwechslungen bei der Blutentnahme

Bei der Blutentnahme soll der Proband bzw. bei Kleinkindern die Begleitperson durch *zweimalige* Unterschrift sowohl auf dem Protokoll zur Blutentnahme als auch auf einem Klebezettel, der in Gegenwart des Probanden auf dem Glasröhrchen mit der Blutprobe befestigt wird, bestätigen, daß sich seine Blutprobe in dem betreffenden Glasröhrchen befindet. Verwechslungen können vorkommen – und kommen auch im klinischen Betrieb vor –, wenn bei vielen gleichzeitigen Blutentnahmen bei einem Termin die noch leeren Glasröhrchen zur Arbeitsrationalisierung schon vorher beschriftet wurden und dann nach der Blutentnahme die mit Blut gefüllte Spritze womöglich in ein falsches Röhrchen entleert wird. Es erfordert schon große Konzentration, auch unter Zeitdruck und in Gegenwart schreiender Kinder die Namen zu vergleichen und das richtige Glasröhrchen zu füllen.

5.3 Transportschäden

Die Blutproben sollen nach der Entnahme so schnell wie nur möglich in das Blutgruppenlaboratorium gelangen. Nicht selten ist aber die Transportzeit aus den verschiedensten Gründen zu lang, vor allem auch dann, wenn Sonntage oder mehrere Feiertage zwischen der Entnahme und dem Eintreffen der Probe im Laboratorium liegen. Die Sachverständigen erbitten zwar in der Regel eine Blutentnahme zu Beginn der Woche, aber es wird nicht immer darauf Rücksicht genommen. Vor allem bei starken Temperaturunterschieden auf dem Transportweg ist manchmal eine mit bloßem Auge sichtbare Hämolyse, d.h. eine Zerstörung der roten Blutkörperchen mit Austritt des Blutfarbstoffes in das Blutwasser die Folge. Gelegentlich kommt es bei der Blutentnahme zu bakteriologischen Verunreinigungen, die sich zwar makroskopisch nicht bemerkbar machen, die aber durch teilweisen Abbau von Eiweißkörpern erbliche Merkmale verändern können.

Auch auf dem Transport oder beim Auspacken kann es zu Verwechslungen kommen, wenn die Glasröhrchen nicht eindeutig beschriftet sind. Es soll vorgekommen sein, daß unbeschriftete Glasröhrchen, die aus Versandtaschen herausgefallen waren, von einem Postbeamten in die Papierbeutel zurückgesteckt wurden; dabei gelangte aber die Blutprobe eines Blutgruppenprobanden an ein Veterinäruntersuchungsamt, während ein Röhrchen mit Schafblut in einem Blutgruppenlaboratorium untersucht wurde. Beim Auspacken der Blutproben im Laboratorium des Gutachters soll darum genau protokolliert werden, wann die Proben eingingen, ob und wie die Proben und Probanden identifiziert wurden und in welchem äußerlich erkennbaren Zustand sich die Blutproben befanden.

5.4 Fehlermöglichkeiten durch Testreagenzien

Die Testseren und sonstige Reagenzien werden heute von den Gutachtern nicht mehr selber hergestellt, weil der technische Aufwand dafür viel zu groß wäre, sondern von Spezialfirmen bezogen. Die Anforderungen an die Testreagenzien sind in den „Richtlinien für die Erstattung von Blutgruppengutachten" vom Bundesgesundheitsamt ausführlich dargestellt. Bei etwa einem Dutzend solcher Lieferfirmen ist die Qualität insbesondere der Testseren nicht nur von Fall zu Fall oft sehr verschieden, sondern auch bei der gleichen Firma wechselnd. Durch ständige aufwendige Kontrollen vor und während der Testung der Probandenblutproben muß sich der Sachverständige von der Qualität und Spezifität der Reagenzien selber überzeugen, denn die staatliche Prüfung gilt nur für den Tag der Prüfung.

5.5 Fehlermöglichkeiten bei der Verarbeitung der Blutproben

Im Laboratorium müssen Blutkörperchen und Blutserum durch Zentrifugieren getrennt, umgefüllt und auf zur Zeit 15 bis 16 verschiedene Untersuchungssysteme verteilt werden. Dies entspricht bei je zwei bis vier Parallelbestimmungen etwa 70 Einzeluntersuchungen je Blutprobe, ohne etwa notwendige Wiederholungen bei primär nicht ganz klaren Befunden und ohne die allgemeinen positiven und negativen Kontrollen für jedes System. Je umfangreicher und komplizierter die Verfahren werden, um so mehr wächst selbstverständlich auch die Fehlermöglichkeit, zumal alle Arbeitsgänge manuell erfolgen. Da man aber gerade im Laboratorium die Gefahr von Verwechslungen beim häufigen Umfüllen und Zusätzen von Reagenzien genau kennt und ihr durch entsprechende Maßnahmen wie genaues Beschriften jedes Glasröhrchens und durch sorgfältiges Arbeiten begegnet, kann es im Laboratorium kaum einmal zu Verwechslungen kommen. Von Außenstehenden wird aber gerade dieser Vorwurf gerne erhoben, wenn ein mit aller Vorsicht erhaltener Befund nicht in das eigene Konzept paßt.

Fehler durch nicht einwandfreie Testreagenzien oder methodische Fehler, unter Umständen durch Schwankungen der Stärke des elektrischen Stromes für die Geräte sollten durch besondere Zusatzgeräte zur Stromstabilisierung vermieden und durch die ständig mitgeführten Kontrollproben erkannt werden. Fehler können auch dadurch entstehen, daß neue Systeme zu früh in die Routine gebracht werden – manchmal auf Verlangen von Richtern, die von einem neuen System gehört haben, manchmal aus dem Ehrgeiz von Sachverständigen, „dabei zu sein". Man sollte neue Verfahren zuerst etwa ein Jahr lang im Laboratorium mitlaufen lassen, ohne sie im forensischen Gutachten zu verwerten, nur um damit Erfahrungen zu sammeln. Dies gilt zur Zeit insbesondere für das HL-A-System, über dessen schwierige Typisierung unter anderen *Albert*[47] berichtete.

5.6 Fehlermöglichkeiten bei der Ablesung der Befunde

Die Ablesungen erfolgen doppelt, wobei Ablesender und Protokolland bei der zweiten Ablesung ihre Plätze tauschen, um versehentliches falsches Protokollieren eines Befundes durch Hör-, Diktier- oder Schreibfehler zu erkennen. Da unter Umständen Varianten der Erbmerkmale auftreten können (vgl. 3.3, S. 26), die das gewohnte Bild verschleiern oder zu uncharakteristischen Befunden führen, müssen unklare Befunde als solche angegeben werden, z. B. durch: „Merkmal x nicht bestimmbar". In manchen Fällen kann ein solch fehlender Befund für die Schlußfolgerungen des Gutachtens gleichgültig sein. Dies ist z. B. der Fall, wenn Kind und Kindesmutter beide in dem betreffenden System spalterbig sind (Kind xy, Kindesmutter xy). Dann ist es unerheblich, ob der Mann die Formel xx, xy oder yy besitzt. Bei entgegengesetzter Reinerbigkeit könnten allerdings nicht erkannte Varianten zu falschen Schlußfolgerungen führen (vgl. 4.2).

[47] *Albert, E. D.:* 5. Kongreß Gesellsch. forens. Blutgruppenkunde, Amsterdam 1973.

	Befunde ohne anti-C^W-Serum	mit anti-C^W-Serum
Kind	anti-C pos., anti-c neg. = CC	CC^W
Eventualvater	anti-C neg., anti-c pos. = cc	cC^W

Für die C-Variante C^w ist ein Antiserum im Handel, das bei den Untersuchungen regelmäßig mitgeführt werden muß. Ohne dieses Anti-C^w-Serum würde man das vorhandene C^w nicht erkennen können und Kind und Eventualvater fälschlich für entgegengesetzt reinerbig halten; dies würde zum Ausschluß des EV führen. Mit dem anti-C^w-Serum wird das C^w erkannt. Da das Merkmal C^w in der Bevölkerung nur selten (d. h. bei 2–3 %) vorkommt, ist jetzt kein Ausschluß, sondern ein positiver Hinweis gegeben.

Veränderungen von Blutmerkmalen durch Bakterien bei unsterilem Arbeiten während der Blutentnahme oder unsterile Glasröhrchen können oft nicht erkannt werden, wenn die Blutprobe äußerlich frisch aussah. In allen Verdachtsfällen sollte darum eine erneute Blutentnahme erfolgen.

5.7 Fehler bei der Auswertung

Es war bis 1945 vorgeschrieben, von jedem forensischen Blutgruppengutachten einen Durchschlag an das damalige Reichsgesundheitsamt zu schicken, wo es auf Richtigkeit in bezug auf die Schlußfolgerungen geprüft werden sollte. Diese Vorschrift war zwar begründet, wird aber seit 1945 nicht mehr duchgeführt. Theoretisch könnte es vorkommen, daß ein Ausschluß oder ein positiver Hinweis vom Gutachter übersehen wurde oder daß eine Erweiterung des Gutachtens durch Familienuntersuchungen zur Feststellung der genauen Genformel vorgeschlagen werden sollte.

Bei den in 5.6, S. 65 und 4.2, S. 32 erwähnten Ausschlüssen auf Grund entgegengesetzter Reinerbigkeiten von Kind und Eventualvater müßte man theoretisch immer mit dem Auftreten von seltenen Varianten rechnen. Eine Wiederholung durch einen

Zweitgutachter hilft dann auch nicht, wenn diesem das entsprechende Anti-x-Serum ebenfalls fehlt. Unter Umständen kann der Dosiseffekt herangezogen werden, aber er führt auch nicht immer weiter und ist etwas umstritten. Theoretisch dürfte man dann bei entgegengesetzter Reinerbigkeit gar keinen Ausschluß aussprechen. Dem ist entgegenzuhalten, daß Varianten, die nicht selten sind, bei den Tausenden und Abertausenden von Untersuchungen wahrscheinlich schon aufgefallen wären. Dies schließt natürlich nicht aus, daß es weitere, bis heute noch unbekannte Varianten gibt, aber sie dürften dann so selten sein, daß man sie in der Praxis vernachlässigen kann. Es wird daher vorgeschlagen, bei einer vermuteten Seltenheit von unter 1 : 1000 theoretische oder auch bekannt gewordene Varianten nicht zu berücksichtigen. Dies ist vor allem auch dann möglich, wenn neben dem Reinerbigkeitsausschluß noch weitere Ausschlüsse in anderen Systemen vorliegen, was in der Praxis oft auch der Fall ist.

5.8 Schreibfehler

Wie überall, so können auch beim Schreiben von Blutgruppengutachten Fehler durch Verwechslung von Buchstaben vorkommen. Da jeder Buchstabe aber ein Symbol bedeutet, sind solche Schreibfehler schwerwiegender als andere, die man ohne weiteres als solche erkennen kann. Man muß daher zwischendurch und vor allem das fertig geschriebene Gutachten mit den Protokollunterlagen und Aktenauszügen vergleichen, damit hierbei keine Übertragungsfehler vorkommen.

6. Das Blutgruppengutachten

6.1 Die Erteilung des Auftrages

In Deutschland werden jährlich etwa 20 000 bis 30 000 Blutgruppengutachten erstattet. Das Gericht gibt den Auftrag dazu schriftlich und an den Sachverständigen persönlich, also nicht an eine Klinik oder ein Institut. In dem Auftrag sollen die zu untersuchenden Probanden mit ihrer genauen, ladungsfähigen Anschrift angegeben werden. Zu ihrer Identifizierung werden dem Sachverständigen höchstens das Geburtsdatum des Kindes, selten das der übrigen Probanden mitgeteilt, Schriftproben kann man manchmal in den Akten finden, sofern diese mitgeschickt wurden, Photographien oder gar Fingerabdrücke werden fast nie zur Erleichterung der Identifizierung mitgegeben.

Bei Erteilung des Auftrages durch Privatpersonen zur Erstellung eines außergerichtlichen Gutachtens muß sich der Sachverständige durch eine schriftliche Erklärung beider Parteien von der Schweigepflicht entbinden lassen.

Der Erstgutachter kann von sich aus Zusatzgutachten, z. B. eine Ergänzung durch das HL-A-System durch einen anderen Gutachter oder wegen Transportschwierigkeiten die Untersuchung einzelner Probanden durch einen anderen Gutachter außerhalb der Bundesrepublik, veranlassen, so wie auch bei anderen Prozessen z. B. bakteriologische oder andere Spezialgutachten vom Erstgutachter eingeholt werden können. Eine vorherige Abstimmung mit dem beauftragenden Gericht ist allerdings zweckmäßig.

6.2 Umfang und Form des Gutachtens

Die Richtlinien für die Erstattung von Blutgruppengutachten vom Bundesgesundheitsamt (s. Anhang) schreiben Form und Umfang der Gutachten in großen Zügen vor, außerdem die beizulegenden Protokolle der Blutentnahme mit der Identitätssicherung und notwendige Hinweise auf etwa aufgetretene Schwierigkeiten bei den Untersuchungen. Die als beweiskräftig anerkannten Systeme sind aufgezählt, aber es bleibt dem Gutachter überlassen, mehr zu untersuchen. Dies ist notwendig, weil in rascher Folge neue Systeme beschrieben werden – schließlich ist jedes Körpereiweiß erblich determiniert –, von denen das eine oder andere reproduzierbar und unter Umständen brauchbar ist. Dann, wenn man mit der Komplettierung eines Systems eine vollständigere genetische Information erhält, wie bei k (= cellano) neben K oder bei Fy(b) neben Fy(a) sollten diese Merkmale mit aufgenommen werden.

Es ist aber die Frage, ob es viel Sinn hat, den Umfang eines Gutachtens, von einigen sehr wenigen Systemen abgesehen, noch weiter zu steigern; denn die Abb. 4 (auf S. 37) demonstriert, daß bei dem jetzigen Umfang mit etwa 15 verschiedenen erblichen Merkmalsystemen (ohne HL-A) die Ausschlußchance von zu Unrecht in Anspruch genommenen Männern fast 95 % beträgt. Jede Steigerung um nur 1 % würde einen nicht mehr verhältnismäßigen Mehraufwand bedeuten. Verlangen Gerichte Gutachten „nach dem neuesten wissenschaftlichen Stand", so fordern sie zu viel; denn das „Neueste" wird zwar auf wissenschaftlichen Kongressen diskutiert, aber diese allerneuesten, oft noch nicht von anderer Seite bestätigten Ergebnisse sind in der Regel noch nicht reif, um in die normale, routinemäßige Alltagsarbeit übernommen zu werden. Etwas anders verhält es sich zwar mit dem Leukozyten-System HL-A. Dies hat schon allein genommen eine etwa 76proz. Ausschlußchance, zusammen mit anderen Blutgruppensystemen könnte man auf über 99 % kommen. Für seine allgemeine Anwendung fehlen zur Zeit aber noch bei den meisten Sachverständigen die technischen Voraussetzungen, und auch die Industrie ist noch nicht in der Lage, für ca. 150 Sachverständige ständig alle notwendigen Testseren in gleichbleibender Qualität und ausreichender Menge liefern zu können. Die Voraussetzungen sind am ehesten bei einigen wenigen Zentren, vielleicht in Anlehnung an Organspende- und Transfusionszentralen, gegeben.

Dem gelegentlich geäußerten Verlangen, eine Blutmerkmaluntersuchung nach Auffinden eines Ausschlusses schon im AB0-MN-Verfahren oder an einer anderen Stufe abzubrechen, steht entgegen, daß die Blutproben möglichst frisch untersucht werden müssen, und daß darum mehrere Arbeitsgänge für verschiedene Systeme gleichzeitig angesetzt werden. Auch Enzymanalysen müssen an möglichst frischen Blutproben durchgeführt werden. Allenfalls könnte man die Serumeigenschaften (Hp, Gc) an eingefrorenen Seren später prüfen. Dem steht aber entgegen, daß man bei Kind und Kindesmutter stets die komplette Blutformel feststellen sollte, da sie gerade bei Ausschluß des ersten Putativvaters dann im nächsten Prozeß wieder auftauchen und die ganze Untersuchung wiederholt werden müßte. Auch manche Männer erscheinen mehrfach in verschiedenen Prozessen, auch dann sind die früheren Befunde nur verwertbar, wenn sie komplett sind.

Dem Verlangen nach einem „Stufengutachten" könnte man nur dann gerecht werden, wenn in einer ersten Stufe grundsätzlich alle in den Richtlinien des Bundesgesundheitsamtes genannten Systeme untersucht werden, daß dann erst, wenn ein oder mehrere Männer nicht ausgeschlossen oder nicht mit einem positiven Hinweis versehen werden konnten, zusätzliche Spezialgutachten, z. B. im HL-A-System eingeholt werden (vgl. *Rittner*)[48].

6.3 Die für ein Gutachten erforderliche Zeit

Es gibt Gerichte, die „binnen"-Beschlüsse ausfertigen: Der Gutachter habe sein Gutachten „binnen" zwei Monaten zu erstatten. Dies hat wenig Sinn; denn erstens wird wohl jeder Sachverständige bemüht sein, seine Gutachten so schnell wie möglich zu erledigen, andererseits gibt es viele Umstände, die eine Gutachtenerstattung verzögern. Die Tabelle 9 auf Seite 70 möge dies untermauern.

[48] Zu Stufengutachten vgl. *Rittner, Ch.*: 5. Tagung Gesellsch. forens. Blutgruppenkunde, Amsterdam 1973.

Tab. 9: Die für ein Gutachten erforderliche Zeit

Arbeitsgang	empirisch erforderliche Zeit
1. Gerichtsbeschluß bis zur Absendung des Ersuchens an den Sachverständigen	1 Tag bis 2 Monate
2. Postweg	2 bis 8 Tage
3. Eingang des Ersuchens, Anfertigen der Aktenauszüge, Anforderung von Blutproben	2 bis 5 Tage (falls kein Urlaub, keine Tagung o. a.)
4. Zeit bis zum Eingang der Blutproben	3 Wochen bis 3 Monate, evtl. auch bis 3 Jahre
5. Zeit für die Bearbeitung der Blutproben in 15 Systemen mit Wiederholungen (vgl. Abschnitt „Methoden") evtl. auch Neuanforderung von Proben	2 bis 8 Wochen
6. Zeit für die Bearbeitung des Gutachtens, biostatistische Berechnungen, Diktat usw.	1 bis 2 Wochen (falls kein Urlaub, keine Tagung o. a.)
7. Schreiben des Gutachtens. Vergleichen mit den Befundprotokollen, Unterschrift	1 Woche
8. Postweg zum Gericht	2 bis 8 Tage
9. Dienstweg zum sachbearbeitenden Richter	?
zusammen	ca. 10 Wochen bis 8 Monate und länger

6.4 Der Beweiswert eines Blutgruppengutachtens[49]

Der Beweiswert eines Blutgruppensystems, ob es zu einem Gutachten herangezogen werden kann oder nicht, ist bisher nur für Ausschlüsse diskutiert worden. In höchstrichterlichen Beschlüssen und in Gutachten, meistens vom Reichs- bzw. Bundesgesundheitsamt in Berlin, sind gewisse Grenzen abgesteckt. Sie stützen sich auf Familienuntersuchungen, wobei man voraussetzt, daß die Kinder ehelich und die Bestimmungen methodisch einwandfrei sind. *W. Fischer* hat 1939 im Robert-Koch-Institut (heute im Bundesgesundheitsamt) Regeln aufgestellt, wieviele Familien untersucht worden sein müssen, um dem Ausschluß ein bestimmtes, den Beweiswert kennzeichnendes Prädikat zu verleihen. *Fischer* nahm bei einer Abweichungsrate von der angenommenen Vererbung von unter 1 : 25 eine Wahrscheinlichkeit für die Richtigkeit des Ausschlusses von 96 % an und erteilte ihm die Note „Vaterschaft unwahrscheinlich". Eine Abweichungsrate von unter 1 : 100 entsprechend einer Wahrscheinlichkeit von 99 % wurde als „Vaterschaft sehr unwahrscheinlich" bezeichnet. Bei einer Abweichungsrate von unter 1 : 500 entsprechend einer Wahrscheinlichkeit für die Richtigkeit eines solches Ausschlusses von über 99,8 % wurde als höchste Stufe eine Aussage „Vaterschaft offenbar unmöglich" vorgeschlagen. Diese Grenzwerte lehnen sich an die mathematischen Streuungsgrade von 1 bzw. 2 bzw. 3 sigma an.

Die mathematische Grundlage dieses Vorgehens erscheint angreifbar. Besser ist meines Erachtens der Verzicht auf unter Umständen zweifelhafte Terzette aus Kind-Kindesmutter-Vater-

[49] *Pettenkofer, H.:* Die Blutgruppen als Beweismittel im Vaterschaftsprozeß, Springer-Verlag Berlin-Göttingen-Heidelberg 1963.
Bundesgesundheitsamt: Richtlinien für die Erstattung von Blutgruppengutachten, Bundesgesundh.bl. 1970. 149 (Heft 10/11)
Ferner: *Schwerd, W.:* 4. Tagung Gesellsch. forens. Blutgr.kde Trier 1972.
Zu ADA, AK und 6-PGD: Weise (Bundesgesundh.amt) Amtsvorm. 1972. 196.
Zu Gt: *Ritter, H.:* Gutachten, ref. Amtsvormund 1973. 535.
Zu HL-A: *Spielmann, W.:* 4. Tagung Ges. forens. Blutgr.kde Trier 1972, Gutachten Bundesgesundheitsamt, ref. Amtsvormund 1973. 415.
Zu Gm: *Pettenkofer, H.*, ref. Amtsvormund 1969. 64.

Verbindungen und die Beschränkung auf sichere Kind-Kindesmutter-Dubletten. Dabei wäre dann eine Null-Ereignis-Berechnung vorzunehmen und festzustellen, wieviel Kind-Mutter-Paare mindestens untersucht worden sein müssen, ohne daß dabei eine Unverträglichkeit mit der angenommenen Erbfolge beobachtet wurde. *Hummel* hat 1961[50] solche Berechnungen vorgenommen und ist dabei zu dem Ergebnis gekommen, daß für das Prädikat „Vaterschaft praktisch ausgeschlossen" mindestens 3107 Kind-Mutter-Paare untersucht worden sein müssen bzw. 621 für „sehr unwahrscheinlich" bzw. 155 für „unwahrscheinlich".

Unabhängig davon ist jeder Ausschluß, der sich auf den einwandfreien Nachweis irgendeines erblichen Merkmals beim Kinde und dem Nichtvorhandensein dieses gleichen Merkmals bei Kindesmutter und Eventualvater stützt, im biologischen Sinne praktisch 100%ig. Ausschlüsse, die sich auf entgegengesetzte Reinerbigkeit gründen, sind auf S. 32 und 65 diskutiert worden.

6.5 Schwierigkeiten bei der Deutung eines Gutachtens durch den Richter

Es muß zugegeben werden, daß manche Gutachten schwer zu lesen sind. Wenn bei 15 Systemen 15mal wiederholt wird, ob ein Mann in dem jeweiligen System auszuschließen oder nicht auszuschließen ist, dann ist dies eine einigermaßen ermüdende Lektüre. Da aber alles darauf hinausläuft, daß eine Ausschlußmöglichkeit dann gegeben ist, wenn sich in einem oder in mehreren Blutgruppensystemen ein oder mehrere Merkmale finden. die nicht von der Kindesmutter stammen können und die auch bei dem Eventualvater oder dem Mehrverkehrszeugen nicht nachweisbar bzw. auch unter Berücksichtigung seiner Eltern nicht möglich sind, zieht der Autor dieser Schrift es vor, alle unerläßlichen väterlichen Eigenschaften „uvE" (vgl. 4.2, S. 29, 34 und S. 45) durch Vergleich der Blutgruppenformeln von Kind und Kindesmutter als Genkomplex zusammenzufassen, zugleich mit der Häufigkeit dieser uvE in der Bevölkerung und

[50] *Hummel, K.:* Die med. Vaterschaftsbegutachtg. m. biost. Beweis, Fischer-Stuttgart 1961, S. 6.

der damit gegebenen Ausschlußwahrscheinlichkeit von Nichtvätern (vgl. S. 38, 39 und S. 46). Wer diese unerläßliche väterliche Erbeigenschaft „uvE“ komplett besitzt, kann der Erzeuger sein, wer sie aber auch nur teilweise nicht besitzt, ist auszuschließen. Der Blutgruppen-Sachverständige kann aber nicht die „Tatsache der Beiwohnung“ oder den „Ausschluß der Beiwohnung“ feststellen, sondern nur, ob ein aus einer Beiwohnung erzeugtes Kind von dem in Anspruch genommenen Eventualvater abstammen kann oder nicht.

Im übrigen empfiehlt sich bei allen Zweifeln und Unklarheiten die direkte mündliche oder telefonische Rücksprache mit dem Sachverständigen, die in der Regel eine Klärung des Sachverhaltes und eine Übereinstimmung zwischen Richter und Gutachter ergibt.

6.6 Kosten eines Gutachtens

Die Kosten für ein Blutgruppengutachten sind in dem Gesetz über die Entschädigung von Zeugen und Sachverständigen (in der Fassung vom 1. Oktober 1969 – BGBl. I S. 1757[50a]) genau festgelegt, vor allem in der Anlage zu § 5, Nr. 8. Da es sich bei den Testseren und sonstigen Reagenzien nicht um geringwertige Stoffe handelt – die Testseren kosten je ml 30,– bis 50,– DM und mehr – können die Materialkosten für diese teuren Reagenzien gesondert in Rechnung gestellt werden. Hinzu kommt der Ersatz barer Auslagen, z. B. für Blutentnahmen von fremder Hand nach § 8. Biostatistische Berechnungen sind in der Anlage zu § 5 nicht erfaßt und daher nach § 3 zu berechnen.

7. Prinzipien der angewandten Techniken

7.1 Komplette Agglutination

Dabei werden die im Testserum befindlichen Antikörper, z. B. anti-A (vgl. Fußnote 1 auf S. 11) auf einem Objektträger oder in einem Röhrchen mit dem gesuchten Antigen, also z. B.

[50a] Eine Neufassung ist in Bearbeitung.

Blutkörperchen der Gruppe A zusammengebracht. Ist das betreffende gesuchte Antigen vorhanden, dann entsteht eine mit bloßem Auge sichtbare Verklumpung, andernfalls bleibt die Blutkörperchen-Aufschwemmung unverändert.

7.2 Inkomplette Agglutination

Die komplette Agglutination als einfachstes Verfahren führt oft nicht zum Ziel. Dann kann man beim Vorliegen sogenannter inkompletter Antikörper im Testserum die zu untersuchenden Blutkörperchen in einer Eiweißlösung aufschwemmen, die fast wie ein Klebstoff wirkt und zu einer spezifischen Verklumpung der Blutkörperchen mit dem betreffenden inkompletten Antiserum führt. Man nennt diesen Vorgang Konglutination.

7.3 Antiglobulin-Test nach Coombs

Man nutzt dabei die Tatsache, daß alle Antikörper zu der Eiweißgruppe der Globuline gehören. Läßt man eine Antigen-Antikörper-Reaktion ablaufen und kommt es dabei nicht zu einer sichtbaren Reaktion, dann kann man in einem zweiten Schritt (darum auch indirekter Coombs-Test) mit Hilfe eines Anti-Globulinserums die Bindung von Globulin nachweisen. Diese mehrfachen Reaktionen sind sehr diffizil und erfordern unter anderem neben mehrfachem Waschen der Komplexe vor allem sehr gute Testseren.

7.4 Hämagglutinations-Hemmungstest

Man geht dabei von einer normalen Antigen-Antikörper-Reaktion aus, z. B. inkomplettes anti-D-Serum + ORh-Blutkörperchen. Nur kann man in diesem Falle nicht jedes beliebige anti-D-Serum und nicht jedes beliebige 0-Rh-Blutkörperchen nehmen. Das anti-D-Serum, das ja Antikörperglobulin und damit auch die Merkmale der Gm-Gruppe enthält, muß bei der Suche

z. B. nach Gm (1) diesen Faktor enthalten; außerdem muß es ein inkomplettes Serum sein. Man läßt dieses Serum auf die erwähnten 0-Rh-Blutkörperchen einwirken. Optisch sichtbar geschieht zunächst nichts, aber die Testblutkörperchen sind jetzt mit dem Merkmal Gm (1) beladen.

Bringt man nun im 2. Schritt ein anti-Gm(1)-Serum mit dem Probandenserum zusammen und enthält dieses das Merkmal Gm(1), dann kommt es zu einer anti-Gm(1) + Gm(1)-Reaktion, und das Antiserum wird neutralisiert, gehemmt; fehlt dagegen im Probandenserum Gm(1), dann kommt es nicht zu einer solchen Antigen-Antikörper-Reaktion und das anti-Gm(1)-Serum ist als solches wirksam geblieben. Schließlich kann man nun das im positiven Falle gehemmte, im negativen Falle wirksam gebliebene anti-Gm(1)-Serum auf die mit Gm(1) beladenen 0-Rh-Blutkörperchen einwirken lassen. War Gm (1) im Probandenserum nicht vorhanden, dann kommt es zu einer mit bloßem Auge sichtbaren Hämagglutination, war es aber vorhanden, dann wird diese Reaktion gehemmt und die Blutkörperchenaufschwemmung bleibt in ihrem Röhrchen unverändert. Daher: „Hämagglutinations-Hemmungsreaktion". Diese Untersuchungen sind besonders schwierig.

7.5 Titration und Absorption

Bei der Titration wird ein Serum fortlaufend verdünnt und festgestellt, bis zu welcher Grenzverdünnung (= Titer) eine Reaktion erfolgt. Man kann so sowohl die Reaktionsstärke eines Serums als auch von Blutkörperchen feststellen.

Absorptionen wendet man z. B. an, um zu prüfen, ob neben einem starken M noch ein schwaches N vorliegt, das unter Umständen bei der direkten Agglutination übersehen wurde. Dazu wird ein geeignetes Testserum mit den fraglichen Blutkörperchen zusammengebracht, nach einer gewissen Zeit wieder abzentrifugiert und danach sowohl gegen bekannte M- als auch N-Blutkörperchen austitriert. War ein N-Antigen vorhanden, dann dürfte nach dieser „Absorption" kein oder nur sehr wenig anti-N noch vorhanden sein.

7.6 Zonenelektrophorese

Prinzip: An ein auf einer horizontalen Träger-Platte befindliches flaches Gel aus Stärke, Polyacrylamid oder anderem wird ein Stromfeld angelegt. In das Gel werden an einer Seite Schlitze eingestanzt und darin das zu untersuchende Stoffgemisch, z. B. Probandenserum für eine Hp-Untersuchung eingebracht. Die Komponenten des Serums wandern dann je nach ihrer eigenen elektrischen Ladung mehr oder weniger schnell zur positiven Anode bzw. zur negativen Kathode. Der elektrische Strom muß daher stabilisiert sein. Durch die verschiedene Wanderungsgeschwindigkeit kommt es zu einer Auftrennung von Stoffgemischen. Die Arbeitsbedingungen müssen sorgfältig je nach dem darzustellenden Erbmerkmal ausprobiert werden; denn je nach Stromspannung, Stromstärke und saurer oder alkalischer Reaktion der Lösungen (Pufferlösungen) erfolgt die Auftrennung in Zonen von schneller oder langsamer wandernden Banden mehr oder weniger gut. Die einzelnen Banden können nach dem Lauf durch entsprechende Färbungen dargestellt werden. Die Zonenelektrophorese wird z. B. zur Darstellung der verschiedenen Haptoglobintypen angewendet, die in alkalischem Bereich zur Anode wandern.

7.7 Immunelektrophorese

Das Verfahren arbeitet in drei Stufen. Zuerst erfolgt eine Elektrophorese, wobei die verschiedenen Eiweißkörper im Probandenserum, darunter auch die Gc-Merkmale, verschieden schnell laufen; Gc zur Anode. Der Weg ist durch aus dem Trägergel herausgeschnittene schmale Gräben begrenzt. Füllt man nach dem Lauf in diese Gräben ein gegen Menschenserum gerichtetes Antiserum, das so abgesättigt wurde, daß bevorzugt anti-Gc übrig blieb, dann diffundiert dieses anti-Gc in das Trägergel hinein zu den zwischen den Gräben befindlichen verschiedenen Eiweißflecken. Dort, wo anti-Gc auf den Gc-Fleck des Probanden trifft, bilden sich Niederschlagslinien (Präzipitationen), die man in einem dritten Schritt durch Färbungen darstellen kann.

Dieses ebenfalls sehr diffizile Verfahren benötigt insgesamt mehrere Tage.

7.8 Enzymdarstellungen

Da sich diese Merkmale im Innern roter Blutkörperchen befinden, müssen diese erst hämolysiert werden. Die austretenden Enzyme werden in Trägergelplatten durch elektrischen Strom zum Wandern zur positiven Anode hin gebracht. Die verschiedenen Allele der Enzyme wandern bei einer solchen, meist 16 Std. dauernden Elektrophorese verschieden weit. Anschließend werden die Trägerplatten mit einer Entwicklungslösung überschichtet. Dabei kommt es zu charakteristischen Farbreaktionen an den Stellen, an denen sich die Enzymflecke befinden. Aus der Länge der Laufstrecke im Vergleich mit Kontrollproben und der Größe und Lage der gefärbten Stellen zueinander kann man dann das Enzymmuster bestimmen. Für jeden Lauf müssen frische Trägergele hergestellt werden, so daß eine Untersuchung einschließlich Polymerisation eines Polyacrylamidgels und Waschen etwa 7 Tage benötigt.

8. Die Sachverständigen

8.1 Die Qualifikation eines Sachverständigen

In den Richtlinien des Bundesgesundheitsamtes von 1970 ist die Qualifikation eines Sachverständigen definiert. Danach soll er „die erforderlichen theoretischen Spezialkenntnisse besitzen und die notwendigen methodischen Erfahrungen in mehrjähriger, nicht wesentlich unterbrochener, praktischer Laboratoriumsarbeit unter Anleitung erworben haben. Erforderlichenfalls muß er in der Lage sein, durch entsprechende Unterlagen (Zeugnisse, wissenschaftliche Arbeiten) seine Qualifikation nachzuweisen. Es dient der Zuverlässigkeit der Gutachtenerstattung, wenn in der Tätigkeit als Sachverständiger keine wesentliche Unterbrechung eingetreten ist. Im Laboratorium müssen alle Geräte vorhanden sein, die zur Untersuchung des Blutes auf Erbmerkmale notwendig sind."

8.2 Die Auswahl eines Sachverständigen

Der Richter ist frei in der Wahl eines Sachverständigen. Bei der Kompliziertheit der Methoden und der Ausrüstung ist aber nicht jeder Laboratoriumsarzt in der Lage, Blutgruppengutachten zu erstatten. Es empfiehlt sich daher, an Hand der von den zuständigen Ministerien zusammengestellten Listen anerkannter Blutgruppensachverständiger vorzugehen. S. Anlage Nr. 6.

Da die Methoden im Laufe von zwei Jahrzehnten so kompliziert geworden sind, daß sie ein einzelner kaum noch alle beherrschen kann, wäre zu erwägen, ob es nicht eine bessere Lösung ist, wenn sich, ähnlich wie es bei Rechtsanwälten gebräuchlich ist, mehrere Sachverständige zu einer gemeinsamen Praxis zusammenschließen würden, bei der z. B. ein Spezialist für Erythrozytenantigene, einer für Transfusionsantigene, einer für Enzymdiagnostik und einer für erbliche Serumeigenschaften zusammenwirken könnten.

9. Weiterführende Literatur

a) *Blutgruppenkunde*

Boorman, K. E. u. *B. E. Dodd:* Blutgruppen-Serologie, Gustav Fischer Verlag, Stuttgart, 1964.

Hummel, K.: Die medizinische Vaterschaftsbegutachtung mit biostatistischem Beweis, Gustav Fischer Verlag, Stuttgart, 1961.

Krüpe, M.: Das forensische Blutgruppengutachten nach dem heutigen Wissensstand. J. F. Lehmanns Verlag, München, 1971.

–: Die Blutgruppen des Menschen. Selbstverlag Martin Krüpe, Fulda, 1972.

Prokop, O.: Die menschlichen Blut- und Serumgruppen, VEB Gustav Fischer Verlag, Jena, 1971.

Race, R. R. u. *R. Sanger:* Die Blutgruppen des Menschen. Georg Thieme Verlag, Stuttgart, 1958.

Helmbold, W., F. Schwarzfischer u. *F. Vogel:* Blutgruppen, in Humangenetik, Handbuch Band I/4, herausgegeben von P. E. Becker. Georg Thieme Verlag, Stuttgart, 1972.

Prokop, O. u. *G. Uhlenbruck:* Lehrbuch der menschlichen Blut- und Serumgruppen. Edition Leipzig 1963.

b) *Genetik*

Kalmus, H.: Genetik. Georg Thieme Verlag, Stuttgart, 1966.

McKusick, V. A.: Humangenetik. Gustav Fischer Verlag, Stuttgart, 1968.

Penrose, L. S.: Einführung in die Humangenetik, Springer-Verlag, Berlin-Heidelberg-New York, 1973.

Vogel, F.: Lehrbuch der allgemeinen Humangenetik, Springer-Verlag, Berlin-Göttingen-Heidelberg, 1961.

c) *Statistik*

Campbell, R. C.: Statistische Methoden für Biologie und Medizin. Georg Thieme Verlag, Stuttgart, 1971.

Cavalli-Sforza, L.: Biometrie, Grundzüge biologisch-medizinischer Statistik. Gustav Fischer Verlag, Stuttgart, 1969.

Fisz, M.: Wahrscheinlichkeitsrechnung und mathematische Statistik. VEB Deutscher Verlag der Wissenschaften, Berlin, 1971.

Sachs, L.: Statistische Auswertungsmethoden. Springer-Verlag, Berlin-Heidelberg-New York, 1968.

–: Statistische Methoden. Springer-Verlag, Berlin-Heidelberg-New York, 1970.

Anhang

1. Vaterschaftsplausibilität, nach der Binomialformel berechnet (Abb. 5)
2. Vertrauensbereich und Vorkommenshäufigkeit von Haplotypen
3. Richtlinien für die Erstattung von Blutgruppengutachten des BGA. (Mitteilungen aus dem Bundesgesundheitsamt 1970, Nr. 10/11.)
4. Richtlinien/Anhang, Bundesgesundheitsamt 1972, Nr. 2.
5. Gesetz über die Entschädigung von Zeugen und Sachverständigen.
6. Verzeichnis der Sachverständigen für Blutgruppengutachten.
7. Muster eines Blutgruppengutachtens.
8. Stichwortregister.

1. Vaterschaftsplausibilität nach der Binomialformel berechnet

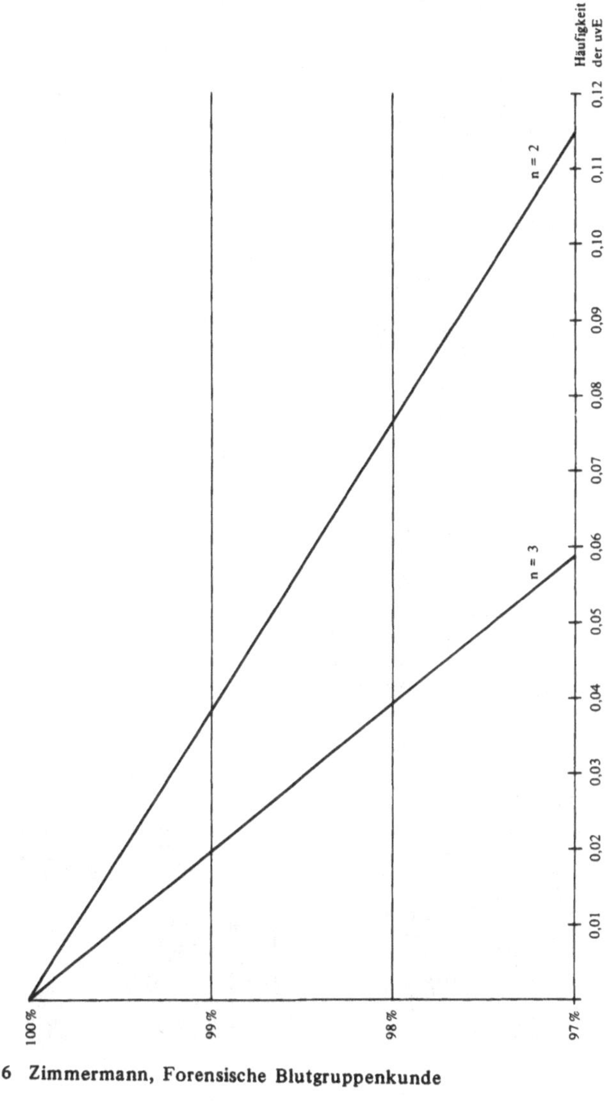

Abb. 5: Vaterschaftsplausibilität

2. Vertrauensbereiche und Vorkommenshäufigkeiten von Haplotypen

Tabelle 10

Die Vorkommenshäufigkeit der Haplotypen wurde aus den Frequenzen der Genotypen berechnet: Z. B. kommt „M“ in den Genotypen MM (ca. 30 %) und MN (ca. 50 %), zusammen also bei etwa 80 % der Bevölkerung vor. So können auch rezessive Gene erfaßt werden, z. B. O, das in den Genotypen 00, $A_1$0, $A_2$0 und B0, zusammen bei ca. 86 % vorkommt. Rein- und Spalterbigkeit werden dabei nicht berücksichtigt, da man die Blutformel des in die Berechnung mittels der Binomialformel einbezogenen unbekannten Mannes nicht kennt. Wenn also zur unerläßlichen väterlichen Erbeigenschaft (uvE) „0“ und „M“ usw. gehören, dann können alle Männer, bei denen diese Faktoren der uvE nachgewiesenermaßen oder möglicherweise vorhanden sind, das sind 0,80 x 0,86 = 0,688 = 68,8 % der männlichen Bevölkerung als Väter in Betracht kommen. Die angegebenen Mittelwerte entsprechen sinngemäß den von *Fiedler* u. Mitarb. aufgeführten „Häufigkeiten der Anlagenträger in der Bevölkerung“; daß die Zahlen etwas verschieden sind, ist durch die von *Fiedler* benutzten anderen, norddeutschen Genfrequenzen bedingt.

	Häufigkeiten entsprechend den von *Hummel* für Süddeutschland angegebenen Genfrequenzen			Häufigkeiten entsprechend den von *Arndt-Hanser* u. *Walter* für Rheinland-Pfalz–Saarland angegebenen Genfrequenzen[51]		
Haplotyp	Streuung	Mittelwert	N	Streuung	Mittelwert	N
A_1	0,392–0,414	0,403	10 000	0,396–0,438	0,417	3091
A_2	0,110–0,116	0,113		0,120–0,132	0,126	
B	0,148–0,156	0,152		0,135–0,149	0,142	
0	0,842–0,892	0,867		0,814–0,898	0,856	
$M\bar{s}$	0,440–0,593	0,511	1 800	0,440–0,552	0,495	3086
MS	0,375–0,515	0,441		0,403–0,500	0,454	
$N\bar{s}$	0,525–0,696	0,606		0,554–0,683	0,618	
NS	0,113–0,182	0,144		0,110–0,158	0,131	
cde	0,614–0,694	0,663	10 000	0,556–0,698	0,619	3113
CDe	0,612–0,691	0,652		0,602–0,753	0,671	

Tabelle 10, Fortsetzung

	Häufigkeiten entsprechend den von *Hummel* für Süddeutschland angegebenen Genfrequenzen			Häufigkeiten entsprechend den von *Arndt-Hanser* u. *Walter* für Rheinland-Pfalz–Saarland angegebenen Genfrequenzen[51]		
Haplotyp	Streuung	Mittelwert	N	Streuung	Mittelwert	N
cDE	0,236–0,277	0,266		0,219–0,292	0,251	
cDe	0,028–0,042	0,036		0,035–0,059	0,047	
Cde	0,019–0,030	0,023		0,007–0,023	0,014	
cdE	0,005–0,012	0,009		0,002–0,008	0,004	
CDE	0,001–0,005	0,002		0,004–0,015	0,008	
$C^{W}De$	0,019–0,032	0,027		0,021–0,040	0,028	
K pos.	0,068–0,089	0,078	10 000	0,068–0,089	0,078	3067
K neg.	0,979–1,000	0,999		0,979–1,000	0,998	
P pos.	0,772–0,831	0,802	10 000	0,714–0,823	0,768	3010
P neg.	0,665–0,720	0,692		0,679–0,786	0,732	
Fy(a)	0,604–0,712	0,657	1 035	0,629–0,699	0,663	3059
Fy(b)	0,769–0,889	0,828		0,802–0,880	0,841	
Hp(1)	0,585–0,648	0,612	5 305	0,577–0,674	0,625	3107
Hp(2)	0,815–0,901	0,858		0,794–0,907	0,850	
Gc(1)	0,863–0,977	0,920	1 200	0,901–0,971	0,936	3091
Gc(2)	0,442–0,530	0,485		0,453–0,506	0,479	
Gm(1)	0,474–0,550	0,511	2 000	0,450–0,509	0,479	3055

Tabelle 10, Fortsetzung

	Häufigkeiten entsprechend den von *Hummel* für Süddeutschland angegebenen Genfrequenzen			Häufigkeiten entsprechend den von *Arndt-Hanser* u. *Walter* für Rheinland-Pfalz–Saarland angegebenen Genfrequenzen[51]		
Haplotyp	Streuung	Mittelwert	N	Streuung	Mittelwert	N
Gm(1, 2)	0,169–0,204	0,186		0,146–0,173	0,159	
Gm(1–, 2–)	0,467–0,511	0,489		0,503–0,539	0,521	
InV(1+)	0,106–0,149	0,126	968	0,147–0,174	0,160	3000
InV(1–)	0,851–0,894	0,874		0,826–0,853	0,840	
SEP(A)	0,502–0,597	0,548	1 800	0,553–0,630	0,590	2989
SEP(B)	0,787–0,904	0,844		0,777–0,864	0,820	
SEP(C)	0,106–0,155	0,128		0,098–0,132	0,114	
PGM(1)	0,886–1,000	0,948	970	0,908–0,993	0,950	2024
PGM(2)	0,360–0,451	0,404		0,371–0,433	0,401	
AK(1)	0,962–1,000	0,999	787	0,966–1,000	0,999	1121
AK(2)	0,051–0,094	0,069		0,066–0,105	0,083	
ADA(1)	0,959–1,000	0,996	1 293	0,924–1,000	0,998	495
ADA(2)	0,108–0,153	0,128		0,053–0,133	0,086	

Anmerkung: Für die iterative Berechnung der Vertrauensgrenzen der Genotypen danke ich herzlich dem Leiter des Rechenzentrums der med. Fakultät in Homburg, Herrn Akad. Rat. Dipl. math. *W. Heinrich*.

51 *Arndt-Hanser, A.* u. *H. Walter:* Referate 4. Tagung der Gesellschaft für forensische Blutgruppenkunde Trier 1972.

3. Richtlinien für die Erstattung von Blutgruppengutachten

Mitteilungen aus dem Bundesgesundheitsamt[52]

Übersicht

[52] Bundesgesundheitsblatt 13. Jahrg. (1970) Nr. 10/11 S. 149–153. Eine Neufassung der Richtlinien ist in Vorbereitung, aber vor 1975 nicht zu erwarten.

1. Allgemeines

11 *Geltungsbereich*

111 Diese Richtlinien treten an die Stelle der „Richtlinien für die Erstattung von Blutgruppengutachten" vom 10. Juli 1964, Bundesgesundheitsblatt 7 (1964) S. 215 ff. und S. 335. Sie wenden sich an alle Personen, Behörden und Gerichte, die sich mit der Vorbereitung, Erarbeitung und Verwertung forensischer Blutgruppengutachten zu befassen haben, und nicht nur an den Sachverständigen. Sie stellen Mindestanforderungen dar. Ihre Beachtung wird auch für die Ausführung nichtforensischer blutgruppenserologischer Abstammungsuntersuchungen empfohlen. Für die Ausführung blutgruppenserologischer Untersuchungen bei Patienten und Blutspendern zur Bluttransfusion, bei Gesunden als Vorsorgemaßnahme (Eintragung in die Unfallschutzkarte) und bei Schwangeren als Vorsorge zur rechtzeitigen Erkennung einer hämolytischen Erkrankung des Neugeborenen gelten die „Richtlinien mit Informationen zur Blutgruppenbestimmung und Bluttransfusion", aufgestellt vom Wissenschaftlichen Beirat der Bundesärztekammer, herausgegeben von der Bundesärztekammer in Zusammenarbeit mit dem Bundesminister für Gesundheitswesen (Deutsches Ärzteblatt 37 vom 14. 9. 1968 S. 1987 ff.).

112 Nach dem gegenwärtigen Stand der Wissenschaft (Anfang 1970) wird einem Vaterschaftsausschluß in folgenden Erbsystemen bzw. durch folgende Einzelmerkmale von Erbsystemen der volle Beweiswert im Sinne der gesetzlichen Regelung bei der Erstattung eines „Blutgruppengutachtens" zuerkannt:

1. ABO: A_1, A_2, A_1B, A_2B, B, 0
2. MNSs
3. Rhesus (Rh): C, C^w, c, D, E, e
4. Kell: K
5. Duffy: Fy (a)
6. Saure Phosphatase der Erythrozyten (SEP)
7. Phosphoglukomutase der Erythrozyten (PGM): PGM_1
8. Gammaglobulin-Merkmale: Gm (1), Gm (2), InV (1)
9. Gruppenspezifische Komponente (Gc)
10. Haptoglobine (Hp)

(Nomenklatur: siehe Ziffer 621).

12 *Erteilung des Auftrages*

121 Der Sachverständige bedarf eines Auftrages. Dieser wird schriftlich erteilt und soll sich an den Sachverständigen persönlich (nicht an ein Institut oder an eine Klinik) wenden.

122 Mit dem Auftragsschreiben sollen die zu untersuchenden Personen mit Familien- und Vornamen, ihrem Geburtsdatum und mit ihrer ladungsfähigen Anschrift bezeichnet werden.

123 Die zu untersuchenden Personen sollen vom Auftraggeber über die Notwendigkeit der Blutentnahme und, wenn sie zur Duldung der Blutentnahme verpflichtet sind, auch darüber unterrichtet worden sein.

124 Das erforderliche Einverständnis der beteiligten Personen sowie die Entbindung von der Schweigepflicht müssen in Einzelfällen eingeholt werden.

13 *Anforderungen an den Sachverständigen und sein Blutgruppenlaboratorium*

131 Mit der Erstattung eines Blutgruppengutachtens soll nur ein ärztlicher Sachverständiger beauftragt werden, der mit der Blutgruppenwissenschaft vertraut ist. Er muß die erforderlichen theoretischen Spezialkenntnisse besitzen und die notwendigen methodischen Erfahrungen in mehrjähriger, nicht wesentlich unterbrochener, praktischer Laboratoriumsarbeit unter Anleitung erworben haben. Erforderlichenfalls muß er in der Lage sein, durch entsprechende Unterlagen (Zeugnisse, wissenschaftliche Arbeiten) seine Qualifikation nachzuweisen.

Es dient der Zuverlässigkeit der Gutachtenerstattung, wenn in der Tätigkeit als Sachverständiger keine wesentliche Unterbrechung eingetreten ist.

132 Im Laboratorium müssen alle Geräte vorhanden sein, die zur Untersuchung des Blutes auf die unter Ziffer 112 aufgeführten Erbmerkmale notwendig sind.

133 Hilfspersonen dürfen nur unter Anleitung und Verantwortung sowie auf Weisung des Sachverständigen tätig werden.

134 Ausreichende Kontroll- und Vergleichsproben von Blutkörperchen und Serum einschließlich solcher mit seltenen Merkmalskombinationen müssen zur Verfügung stehen.

2. Einleitende Maßnahmen

21 *Entnahme und Einsendung von Blutproben*

211 Der Sachverständige hat dafür Sorge zu tragen, daß von den zu untersuchenden Personen ausreichende Mengen Vollblut ohne Zusatz für die Untersuchung zur Verfügung stehen.

212 Blutuntersuchungen sollten bei Kindern erst dann erfolgen, wenn diese ein Alter von acht Monaten erreicht haben.

213 Vor Ablauf von 3 Monaten nach Anwendung therapeutischer Substanzen menschlichen Ursprungs ist im Regelfall ein Blut für forensische Blutgruppenuntersuchungen ungeeignet. Über Ausnahmen entscheidet der Sachverständige.

214 Der Sachverständige soll die Blutprobe tunlichst selbst entnehmen. Wenn ihm oder den Beteiligten durch die Blutentnahme erheblicher Zeitverlust, größerer Verdienstausfall oder höhere Reisekosten entstehen würden oder wenn andere zwingende Umstände vorliegen, kann er einen anderen Arzt (z. B. Kinderarzt) mit der Blutentnahme beauftragen.

215 Der das Blut entnehmende Arzt hat die Blutprobenröhrchen mit einem fest haftenden und mit dem richtigen Namen unverwechselbar beschrifteten Klebezettel zu versehen. Für den Versand soll die Umhüllung der Blutröhrchen keine Namensangabe enthalten, alte Aufschriften müssen entfernt oder unleserlich gemacht worden sein. Die derart gekennzeichneten Blutprobenröhrchen müssen bruchsicher in festem Material verpackt und unverzüglich an den Sachverständigen abgesandt werden. Der mit der Blutentnahme beauftragte Arzt hat ferner dafür Sorge zu tragen, daß die Blutproben dem Sachverständigen zu dem von ihm gewünschten Zeitpunkt zur Verfügung stehen.

22 *Identitätsprüfung*

221 Vor der Blutentnahme sind die erschienenen Personen möglichst genau zu identifizieren. Über die Art der Identitätsprüfung ist bei der Blutentnahme eine Niederschrift anzufertigen (Muster siehe Anlage), die der Blutprobe beizufügen ist. Ergeben sich Zweifel hinsichtlich der Identität, so muß der Auftraggeber unterrichtet werden. Das gleiche gilt, wenn dieser Zweifel nach der Untersuchung auftritt. Bestehen Zweifel an der Identität einer eingesandten Blutprobe, so muß unter Beachtung geeigneter Vorsichtsmaßnahmen eine neue Blutprobe beschafft werden.

222 Die Identitätsprüfung erstreckt sich nur auf die Übereinstimmung der zur Blutentnahme vorgeladenen mit der erschienenen Person. Sie erstreckt sich nicht auf die Übereinstimmung der zur Blutentnahme erschienenen Person mit der des Prozeßbeteiligten, die zu überprüfen im Einzelfall Sache des Richters und gegebenenfalls des Staatsanwaltes ist.

223 Der Sachverständige oder eine zuverlässige Hilfskraft muß sich beim Auspacken der Blutproben von deren einwandfreier Kennzeichnung und von der Vollständigkeit der Niederschriften überzeugen. Dabei sind Eingangsdatum, Blutmenge und Beschaffenheit zu Protokoll zu nehmen.

3. Anforderungen an die Testreagenzien

31 *Allgemeines*

311 Der Sachverständige ist verpflichtet, für seine gutachterlichen Untersuchungen nur solche Testseren und andere Reagenzien zu verwenden, die vor ihrer Anwendung von ihm auf ihre Spezifität, Wirksamkeit und sonstige Qualität geprüft und als geeignet befunden worden sind. Diese Prüfungen und Ergebnisse sind zu protokollieren.

312 Ohne zwingenden Grund sollte nicht von den Gebrauchsanleitungen abgewichen werden, die den Testreagenzien beigefügt werden. Ergeben sich trotz einwandfreier Vorprüfungsergebnisse bei den Untersuchungen für das Gutachten Unklarheiten, so ist eine ausführliche Nachprüfung vorzunehmen.

313 Alle Vorprüfungen müssen mit der gleichen Methode und unter den gleichen Bedingungen wie die Untersuchungen für das Gutachten erfolgen.

314 Voraussetzung für die Prüfung der Testreagenzien ist die einwandfreie Beschaffenheit der Testerythrozyten, Hämolysate, Farbstoffe, Pufferlösungen, Gele usw.

32 *Prüfung der Testreagenzien*

4. Die Untersuchungen für das Gutachten

41 *Vorbereitung*

411 Die vorbereitenden Maßnahmen umfassen die Aufstellung der Untersuchungsprotokolle, die Kennzeichnung der zur Aufnahme des Serums und der Blutkörperchen-Aufschwemmung bestimmten Röhrchen, die Trennung der Blutproben in Serum und Blutkuchen, gegebenenfalls das Inaktivieren des Serums und das etwa notwendige Waschen und Aufbereiten der Blutkörperchen sowie das Aufschwemmen der Blutkörperchen in der beabsichtigten Konzentration in einem für die Untersuchungsmethode geeigneten Medium. Besonders bei diesen Arbeiten ist darauf zu achten, daß keine Verwechslungen unterlaufen.

412 An diese vorbereitenden Arbeiten sollen sich die Untersuchungen der Merkmale der Erythrozyten anschließen, weil sie die geringere Haltbarkeit aufweisen. Erfolgen die Untersuchungen der Merkmale des Serums erst nach einigen Tagen, so müssen die Seren nach ihrer Abtrennung einzeln tiefgekühlt und bei einer Temperatur von mindestens – 20 °C aufbewahrt werden. Ein Teil der restlichen Blutprobe ist im Entnahmeröhrchen bei Kühlschranktemperatur aufzubewahren, ebenso ein Teil des Serums (bei mindestens – 20 °C), damit nach Beendigung aller für das Gutachten vorgesehenen Untersuchungen notfalls eine Wiederholungsuntersuchung vorgenommen werden kann.

42 *Allgemeine Maßnahmen*

421 Der Sachverständige muß sich vor Beginn der Untersuchungen vergewissern, daß alle Vorbereitungen (siehe Ziffer 41) zuverlässig getroffen worden sind.

422 Die Untersuchungen dürfen erst angesetzt werden, wenn die Testreagenzien nach Ziffer 32 geprüft worden sind und ihre Brauchbarkeit gesichert worden ist.

423 Für jedes serologisch nachzuweisende Merkmal sind mindestens zwei Testseren verschiedener Herkunft zu verwenden und weitere Testseren bzw. andere Reagenzien zur möglicherweise notwendigen Ergänzungsuntersuchung bereitzuhalten.

424 Aus dem Untersuchungsprotokoll muß die Herkunft der Testseren (Name des Spenders oder der Firma, Charge des Serums) ersichtlich sein. Es empfiehlt sich, auch einen Vermerk über die Herkunft der Kontrollblutkörperchen bzw. Kontrollseren in das Protokoll aufzunehmen.

425 Unabhängig von den Vorprüfungen sind bei allen Untersuchungen die Testseren gleichzeitig mit positiven und negativen Blutproben zu kontrollieren. Die zu untersuchende Blutkörperchensuspension darf mit der angewendeten Methode keine unspezifische Agglutination zeigen. Ebenso müssen bei der Bestimmung der Enzym-Merkmale, der Gammaglobulin-Merkmale, der Gc-Merkmale und der Haptoglobine Kontrollen bekannter Typen mituntersucht werden.

426 Bei der Ablesung ist als Ergebnis das Resultat der Einzelreaktionen in das Untersuchungsprotokoll einzutragen, nicht nur das Merkmalssymbol.

427 Unklare Ergebnisse sollen, wenn möglich, unabhängig von einer etwa notwendigen Reagenzien-Überprüfung in einer ergänzenden Untersuchung mit anderen Testreagenzien geklärt werden.

43 *Spezielle Untersuchungen*

431 Serologisch nachweisbare Erbmerkmale der Erythrozyten

4311 ABO-System

43111 Die Untersuchung erfolgt durch Feststellung der Blutgruppenmerkmale an den Erythrozyten und der entsprechenden Iso-Agglutinine im Serum. Ein hochwirksames Immun-Iso-Anti-A+B-Serum ist mitzuführen, damit auch schwach ausgeprägte Merkmale erfaßt werden. Nur Merkmale, bei denen der Serumbefund dem Blutkörperchenbefund entspricht, sind im allgemeinen als eindeutig bestimmt anzusehen.

43112 Zur Kontrolle der Testseren und zur Bestimmung der Iso-Agglutinine in den Probandenseren sind Erythrozyten der Gruppen 0, A_1, A_2 und B zu verwenden.

43113 Die Merkmale A_1 und A_2 werden durch direkte Agglutination mit Anti-A_1-Reagenzien und Anti-H-Reagenzien bestimmt. Dabei gibt die Reaktion mit Anti-A_1-Reagenzien den Ausschlag. Als Kontrollen sind A_1- und A_2-Testerythrozyten mitzuführen. Gelegentlich bietet die A-Untergruppen-Bestimmung Schwierigkeiten. Bleiben Zweifel, hat der Sachverständige die Befunde unter Vorbehalt zu verwerten, bei Kindern bis zu 3 Jahren ist gegebenenfalls eine zweite Untersuchung zu einem späteren Zeitpunkt vorzunehmen.

43114 Im Ausschlußfall sollen die Befunde im Titrationsversuch, durch Absättigung oder andere ergänzende Untersuchungen gesichert werden. Die Mitführung von A_1- und A_2- (ggf. auch A_1B- und A_2B-)Erythrozyten als Kontrollen ist unerläßlich.

4312 MNSs-System

43121 Bei der M- und N-Bestimmung kann es notwendig sein, mit mehr als je zwei Testseren zu untersuchen. Bei MN-Ausschlüssen sind die entscheidenden Befunde durch zusätzliche Untersuchungen zu sichern. Bei M- und N-Untersuchungen sind positive (MN) und negative (MM bzw. NN) Erythrozyten als Kontrollen mitzuführen.

43122 Bei der Bestimmung der Merkmale S und s sind positive (Ss) und negative (SS bzw. ss) Kontrollen mitzuführen. Die Lagerungsempfindlichkeit der Merkmale S und s ist zu berücksichtigen.

Hinsichtlich der Anforderungen an die Testreagenzien zur Bestimmung des Merkmals s sei auf Ziffer 324 verwiesen.

Bei Befunden, die eine entgegengesetzte Reinerbigkeit annehmen lassen, ist Ziffer 634 zu beachten.

Werden in solchen Fällen Titrationsversuche herangezogen, ist auf Verwendung dafür geeigneter Seren zu achten. Gelegentlich können zusätzlich auch Familienuntersuchungen erforderlich werden.

4313 Rhesus (Rh)-System

43131 Eines der beiden je Merkmal zu benutzenden monospezifischen Testseren muß inkomplette Antikörper enthalten. Auch auf das Merkmal C^w muß untersucht werden. Als Kontrollen sind jeweils Erythrozyten mit dem homologen Merkmal in „einfacher Dosis" und Erythrozyten ohne das homologe Merkmal mitzuführen.

43132 Um abgeschwächte oder schwach ausgeprägte Merkmale (z. B. infolge einer „Positions"- oder „Depressor-Gen"-Wirkung) einschließlich des Merkmals D^u zu erkennen, sind die dafür erprobten Methoden zusätzlich nach dem jeweiligen Stand der wissenschaftlichen Erkenntnisse heranzuziehen.

43133 Bei Befunden, die eine entgegengesetzte Reinerbigkeit annehmen lassen, ist Ziffer 6311 zu beachten.

Werden in solchen Fällen Titrationsversuche herangezogen, ist auf Verwendung dafür geeigneter Seren zu achten. Gelegentlich können zusätzlich auch Familienuntersuchungen erforderlich werden.

4314 Merkmal K

Die Lagerungsempfindlichkeit des Merkmals K ist zu berücksichtigen. Als Kontrollen sind K positive und K negative Blutproben mitzuführen. Bei Anwendung indirekt anzeigender Testseren ist Ziffer 324 zu beachten.

4315 Merkmal Fy (a)

Stehen für die Bestimmung des Merkmals Fy (a) nur indirekt anzeigende Testseren zur Verfügung, so ist Ziffer 324 besonders zu beachten. Als Kontrollen sind Blutproben Fy (a) pos. und Fy (a) neg. mitzuführen.

432 Mit anderen Methoden nachweisbare Erbmerkmale der Erythrozyten (Enzymsysteme)

4321 SEP-System und PGM-System

43211 Für die Bestimmung in beiden Systemen gelten die gleichen Empfehlungen. Die Wahl einer geeigneten Methode zur elektrophoretischen Auftrennung sowie die Wahl eines geeigneten Trägermediums bleiben dem Sachverständigen überlassen. Zur Untersuchung müssen frisch hergestellte und möglichst konzentrierte Hämolysate verwendet werden. Die Befunde sollen in einem zweiten Lauf mit einem frisch hergestellten Hämolysat bestätigt werden. Besondere Aufmerksamkeit ist evtl. auftretenden, von den Haupttypen abweichenden Zygmogrammen zu widmen (vgl. Ziffer 633).

43212 Einwandfreie elektrophoretische Auftrennung ist nur mit stabilisiertem Gleichstrom zu erwarten.

433 Mit serologischen und anderen Methoden nachweisbare Erbmerkmale des Serums.

4331 Merkmale Gm (1) und Gm (2), Merkmal Inv (1)

43311 Der Agglutinationshemmungstest soll mit mindestens je zwei Reaktionssystemen durchgeführt werden.

Bei jedem Ansatz müssen positive und negative Kontrollen mituntersucht werden. Unabhängig hiervon sind die Probandenseren ohne Zugabe von spezifischen Anti-Gm- bzw. Anti-Inv-Testseren mit den beladenen Erythrozyten darauf hin zu prüfen, ob eine Agglutination auftritt. Bei Auftreten dieser Agglutination kann das Bestimmungsergebnis nur ausgewertet werden, wenn die Spezifität des im Probandenserum reagierenden Antikörpers ermittelt werden kann.

Die Personen eines Gutachtenfalles sollen nach Möglichkeit mit den gleichen Reaktionssystemen untersucht werden.

43312 Bei Kindern bis zum 12. Lebensmonat ist gelegentlich mit unsicheren Befunden zu rechnen.

43313 Außerdem sind die Hinweise unter den Ziffern 213 und 56 zu beachten.

43314 Bei allen Untersuchungen auf Erbmerkmale der Serumproteine können differentialdiagnostische Schwierigkeiten auftreten (z. B. bei Hypo- und Agammaglobulinämie sowie Para- und Dysproteinämie).

4332 Gc-System

Die Wahl einer geeigneten Methode zur elektrophoretischen Auftrennung sowie die Wahl eines geeigneten Trägermediums bleiben dem Sachverständigen überlassen. Das Puffersystem ist so zu wählen, daß zwischen den drei Gc-Typen sicher unterschieden werden kann. Hierzu sollen zwei Läufe unter Verwendung von zwei verschiedenen Immunseren durchgeführt werden. Bei jedem Lauf sind Serumproben bekannter Gc-Typen mitzuführen.

4333 Hp-System

Die Wahl einer geeigneten Methode zur elektrophoretischen Auftrennung sowie die Wahl eines geeigneten Trägermediums bleiben dem Sachverständigen überlassen. Das Puffer-System ist so zu wählen, daß zwischen dem Typ Hp (1–1) und einer Ahaptoglobinämie sicher unterschieden werden kann. Die Bestimmung soll in zwei Läufen erfolgen. Für den 2. Lauf ist zur Erkennung von Verwechslungen erneut Serum dem Ausgangsröhrchen zu entnehmen, Serumproben bekannter Hp-Typen sind als Kontrollen mitzuführen.

434 Weitere Erbmerkmalsysteme

Wenn in diesen Richtlinien nicht erwähnte Erbmerkmale des Blutes in das Gutachten einbezogen werden, sollen sie unter Beachtung der bisher aufgeführten Grundsätze untersucht worden sein.

5. Fehlermöglichkeiten

51 Der Sachverständige muß mit allen von ihm angewandten Methoden und ihren Fehlermöglichkeiten völlig vertraut sein. Dies gilt insbesondere für alle neu eingeführten Untersuchungsmethoden.

52 Auf die Möglichkeit von Fehlbestimmungen und somit Fehlbegutachtungen, die durch Verwechslung von Blutproben und ungenügende Sicherung der Identität (Ziffer 22) oder durch Unzulänglichkeiten der Testreagenzien (Ziffer 32) oder durch nicht ausreichende Beachtung des bei den Untersuchungen für das Gutachten notwendigen Vorgehens (Ziffer 4) verursacht werden können, sei nochmals hingewiesen.

53 Merkmale der Erythrozyten kommen gelegentlich als quantitativ abgeschwächte oder qualitativ veränderte Formen vor oder können lagerungsempfindlich sein. Außerdem kann die Reaktionsfähigkeit aller Merkmale durch äußere Umstände wie z. B. Überalterung, beginnende Hämolyse, ungeeignetes Milieu oder bakterielle Einwirkung eingeschränkt sein.

54 Trockenseren können nach ihrer Auflösung sehr bald an Wirksamkeit verlieren.

55 Antiglobulin-Seren zum indirekten Nachweis von Erythrozyten-Merkmalen sind für die verschiedenen Systeme nicht immer gleich gut geeignet (Ziffer 324). Bei der Ablesung des Antiglobulintestes zu einem ungeeigneten Zeitpunkt können wegen der Instabilität der Agglutinate Fehler unterlaufen.

56 Die für die Bestimmung der Merkmale Gm und Inv beladenen Testerythrozyten sind nur 2–3 Tage verwendbar. Dies ist besonders bei der Inv-Bestimmung zu beachten, weil Inv-Testseren ohnehin meist eine schwächere Reaktion bewirken als Gm-Testseren.

57 Bei den Gc-Merkmalen können Temperatureinwirkungen, Lagerungseinflüsse oder Verunreinigungen eine scheinbare Typenveränderung herbeiführen.

58 Einwandfreie Bestimmungen der Merkmale des Serums hängen vom quantitativ und qualitativ normalen Vorhandensein dieser Proteine im Serum ab. Bei Kindern unter 1 Jahr kann die Bildung von Proteinen herabgesetzt sein, auch bei Erwachsenen kommt es in Ausnahmefällen zu mehr oder weniger ausgesprochenem Mangel an einzelnen Serumproteinen. Die Bildung pathologisch veränderter Proteine ist gegebenenfalls in Betracht zu ziehen.

59 Hör-, Diktier-, Schreib- oder sonstige Übertragungsfehler sind durch sorgfältige Kontrolle vermeidbar.

6. Das Gutachten

61 *Allgemeines*

611 Bei der Abfassung des Gutachtens sind die Sache und der erteilte Auftrag genau zu bezeichnen. Auf die im Gutachten beizufügenden Niederschriften ist ausdrücklich hinzuweisen. Mängel oder Unklarheiten der Identitätssicherung, die nicht beseitigt werden konnten, sind anzumerken. Die Daten der Blutentnahme und/oder die Daten des Eingangs der Blutproben sind anzugeben.

612 Ein Erstgutachten soll sich auf die Untersuchung sämtlicher Merkmale der beweiskräftigen Systeme erstrecken. Eine Beschränkung auf die Untersuchung von Einzelmerkmalen ist nicht gerechtfertigt.

613 Nicht genügend gesicherte Befunde können im Gutachten nicht ausgewertet werden.

62 *Untersuchungsergebnisse*

621 Die erhobenen Befunde müssen in einer tabellarischen Zusammenstellung unter Verwendung der nachstehenden Bezeichnungen eindeutig mitgeteilt werden. Im Interesse der Einheitlichkeit werden als gebräuchliche Reihenfolgen empfohlen: a) für die Personen: Kind, Kindesmutter, Beklagter oder Kläger und weitere Zeugen; b) für die Merkmale:

AB0-System
A_1, A_2, B, 0, A_1B, A_2B

MNSs-System
MMSs MMSS MMss NNSs NNSS NNss MNSs MNSS MNss

Rh-System

Cc D. Ee	Cc D. ee	CC D. ee
cc D. Ee	cc D. EE	cc dd ee
cc D. ee	Cc dd ee	cc dd Ee

Kell-System
K pos.

Duffy-System
Fy (a) pos.

Gm-System
Gm (1) pos. Gm (2) neg.
Gm (1) pos. Gm (2) pos.
Gm (1) neg. Gm (2) neg.

Inv-System
Inv (1) pos. Inv (1) neg.

Haptoglobin-System
Hp (1–1) Hp (2–1) Hp (2–2)

Gc-System
Gc (1–1) Gc (2–1) Gc (2–2)

SEP-System

SEP (AA)	SEP (BB)	SEP (CC)
SEP (BA)	SEP (CA)	SEP (CB)

PGM_1-System
PGM (1–1) PGM (2–1) PGM (2–2)

622 In diesen Beispielen wurden die wichtigsten Befunde dargestellt. Selten vorkommende Typen sollten in Anlehnung an diese Schreibweise mitgeteilt werden.

623 In Abweichung von den international üblichen Benennungen soll in Blutgruppengutachten ein biochemisch nachweisbares Erbsystem der Erythrozyten durch die Kombination mindestens dreier Buchstaben

bezeichnet werden. Das von den Erstautoren für die saure Erythrozytenphosphatase angegebene Symbol P ist in der Blutgruppenkunde bereits vergeben. Deshalb wird für das System der sauren Phosphatase der Erythrozyten das Symbol SEP und für das System der Phosphoglukomutase das Symbol PGM empfohlen.

624 Ist ein Merkmalsbefund durch eine Sonderuntersuchung erhoben oder gesichert worden, so muß dies aus der Befundzusammenstellung zu ersehen sein oder in den weiteren Ausführungen des Sachverständigen erwähnt werden.

63 *Auswertung der Befunde*

631 Das Gutachten kommt zu einer biologisch-medizinischen Feststellung.

632 In welcher Form die mitgeteilten Befunde erörtert und beurteilt werden, ist dem Sachverständigen freigestellt. Auf Verständlichkeit der gutachtlichen Ausführungen ist Wert zu legen. Die Formulierung „Merkmal des Systems" sollte grundsätzlich benutzt werden.

633 Nur wenn die Befunde (methodisch) und der Erbgang des Merkmals eines Systems gesichert sind, dürfen sie in die Auswertung einbezogen werden. In bestimmten Fällen, z. B. bei Reinerbigkeitsausschlüssen, kann ein erhebliches Maß an wissenschaftlich kritischer Arbeit erforderlich sein. Gegebenenfalls sind die aufgetretenen Schwierigkeiten zu erläutern (s. auch Ziffer 64, Zweitgutachten).

634 Ausschlüsse, die sich auf die Annahme einer entgegengesetzten Reinerbigkeit stützen, sind nur dann beweiskräftig, wenn das Vorliegen von Varianten als ausgeschlossen gelten kann.

635 In geeigneten Fällen ist dem Auftraggeber zu empfehlen, zur Gewinnung einer zusätzlichen Information die Ausdehnung der Untersuchung auf weitere Familienmitglieder anzuordnen, wozu alle Erbmerkmale heranzuziehen sind. Wird dabei ein sog. indirekter Vaterschaftsausschluß festgestellt, so muß darauf hingewiesen werden, daß dieser Ausschluß nur dann vollen Beweiswert besitzt, wenn die Abstammung der in Frage stehenden Person gesichert ist.

636 Nach den gutachtlichen Erörterungen sind deren wesentliche Schlußfolgerungen kurz zusammenzufassen. Vor seiner eigenhändigen Unterschrift gibt der Sachverständige eine Erklärung ab, ob er bei den durchgeführten Untersuchungen und der Abfassung des Gutachtens diese Richtlinien eingehalten hat.

64 *Zweitgutachten*

641 Die Einholung eines Zweitgutachtens durch einen anderen Sachverständigen ist nach den derzeitigen Erfahrungen zu empfehlen: bei einem isolierten Ausschluß über die Merkmale A_1/A_2, s, Fy (a), Gm (1), Gm (2), Inv (1) und Gc sowie bei isolierten Reinerbigkeitsausschlüssen

im Rh-System und bei den Merkmalen S/s, ferner bei einem isolierten Ausschluß, der sich auf die Merkmale neu eingeführter Systeme gründet (zu diesen gehören z. Z.: SEP, PGM). Auch aus anderen Gründen kann der Sachverständige ein Zweitgutachten empfehlen.

642 Ein Zweitgutachten nach diesen Richtlinien muß neben dem zum Ausschluß führenden System lediglich noch drei weitere Systeme umfassen, und zwar ein serologisch nachweisbares Erythrozyten-System, ein Enzym-System und ein Serum-System. Dadurch soll die Identität der in beiden Begutachtungsfällen untersuchten Person überprüft werden.

643 Dies bezieht sich nicht auf die Ergänzung eines bereits erstatteten Gutachtens durch Berücksichtigung einer bisher nicht untersuchten Person oder zusätzliche Heranziehung eines noch nicht verwerteten, aber inzwischen verwertbar gewordenen Beweismittels.

644 Ergeben sich durch ein Zweitgutachten Differenzen der Ergebnisse oder Unklarheiten in der Deutung der Befunde, so sollen diese durch Zusammenarbeit der beiden Sachverständigen geklärt werden.

Muster **Anlage**

Niederschrift
über die Blutentnahme und Identitätsnachweis

in Sachen ______________ gegen ______________

Gericht ______________

Aktenzeichen ______________

Am ______________ erschien(en) hier auf Aufforderung:

1. Herr/Frau ______________

   geboren am ______________ in ______________

   wohnhaft in ______________

   amtlicher Ausweis mit Lichtbild, ausgestellt von ______________

   am ______________ Nr. ______________ gültig bis ______________

   besondere Kennzeichen (z. B. Narben, Hautfarbe) ______________

2. Kind ______________ geb. am ______________ in ______________

   wohnhaft in ______________

   Ausweis/Geburtsurkunde ______________

   besondere Kennzeichen (z. B. Hautfarbe) ______________

Raum für Finger-(Fuß)abdruck (linker Daumen, bei Kindern linker Fuß)

____

____

Hiermit bestätige ich durch meine Unterschrift:

1. Daß ich die unter 1. genannte Person bin.
2. Daß das mitgebrachte Kind das unter 2. genannte Kind ______________________ ist.
3. Daß in meiner Gegenwart die mit den richtigen Namen ausgefüllten Zettel auf die entsprechenden Blutentnahmegefäße geklebt wurden.
4. Daß ich – und das Kind – in den letzten 3 Monaten keine Übertragung von Blut bzw. Blutbestandteilen erhalten habe(n)/hat.
5. Daß ich – und das Kind – nicht an einer Erkrankung des Blutes oder der blutbildenden Organe leide(n)/leidet, soweit mir bekannt ist.

Zutreffendenfalls

6. Daß von mir ein Lichtbild angefertigt wurde, daß ich mit meinem Namenszug versehen habe.

____

(Unterschrift)

Die Identität der vorstehend aufgeführten Person(en) habe ich folgendermaßen geprüft:
Ich habe

1. den Personalausweis und ggf. die Geburtsurkunde eingesehen und die daraus entnommenen Daten in dieses Formular eingetragen/eintragen lassen.
2. dieses Formular in meiner Gegenwart unterschreiben lassen.
3. den Fingerabdruck abgenommen.
4. ein Lichtbild angefertigt ja/nein
5. Gegenüberstellung ja/nein

mit ______________________

____

____

____

____

____

____

(Unterschrift des Arztes)

4. Richtlinien für die Erstattung von Blutgruppengutachten

Bundesgesundheitsblatt Nr. 2 vom 21. Jan. 1972/Seite 31

Biostatistische Auswertung von Blutgruppenbefunden bei der Abstammungsbegutachtung

1. Die Anwendung biostatistischer Verfahren zur Feststellung der Vaterschaft setzt in der Regel voraus, daß mindestens die in diesen Richtlinien genannten Einzelmerkmale untersucht wurden. Abweichungen sind zu begründen.

2. Bei der biostatistischen Vaterschaftsbegutachtung ist darauf zu achten, ob die in die Begutachtung einbezogenen Personen untereinander verwandt und kaukasischer Abstammung sind.

3. Der Gutachter hat das rechnerische Ergebnis einschließlich der Irrtumswahrscheinlichkeiten in Worten zu erklären und in seiner Tragweite zu erläutern. Hierbei muß er auf Ungenauigkeiten und Fehlermöglichkeiten so verständlich hinweisen, daß die Risiken jeder Alternative erkennbar werden.

4. Der Gutachter muß unter Würdigung der Tatsache, daß X und Y in der Definition von *Essen-Möller* die vollständige Information aus den erhobenen Blutgruppenbefunden enthält, die Wahl des von ihm verwendeten Verfahrens begründen.

5. Gesetz über die Entschädigung von Zeugen und Sachverständigen

In der Fassung vom 1. Oktober 1969 (BGBl. I S. 1757)*
(BGBl. III 367–1)

* Neubekanntmachung des Gesetzes über die Entschädigung von Zeugen und Sachverständigen vom 26. 7. 1957 (BGBl. I S. 902). - Diese Neufassung gilt mit Wirkung ab 1. 10. 1969.
Die Neufassung gilt in Berlin durch Bek. vom 8. 10. 1969 (GVBl. S. 2080, 2083).

Gesetzesübersicht

§ 1. Geltungsbereich. (1) Nach diesem Gesetz werden Zeugen und Sachverständige entschädigt, die von dem Gericht oder dem Staatsanwalt zu Beweiszwecken herangezogen werden.

(2) Dieses Gesetz gilt auch, wenn Behörden oder sonstige öffentliche Stellen von dem Gericht oder dem Staatsanwalt zu Sachverständigenleistungen herangezogen werden.

(3) Für Angehörige einer Behörde oder sonstigen öffentlichen Stelle, die nicht Ehrenbeamte oder ehrenamtlich tätig sind, gilt dieses Gesetz nicht, wenn sie ein Gutachten in Erfüllung ihrer Dienstaufgaben erstatten, vertreten oder erläutern.

§ 2. Entschädigung von Zeugen. (1) [1] Zeugen werden für ihren Verdienstausfall entschädigt. [2] Dies gilt auch bei schriftlicher Beantwortung einer Beweisfrage (§ 377 Abs. 3, 4 der Zivilprozeßordnung).

(2) [1] Die Entschädigung beträgt für jede Stunde der versäumten Arbeitszeit wenigstens 1,50 Deutsche Mark und höchstens 8 Deutsche Mark. [2] Die letzte, bereits begonnene Stunde wird voll gerechnet. [3] Die Entschädigung richtet sich nach dem regelmäßigen Bruttoverdienst.

(3) Zeugen erhalten wenigstens die nach dem geringsten Satz bemessene Entschädigung, Hausfrauen jedoch wenigstens 4 Deutsche Mark je Stunde, es sei denn, daß der Zeuge durch die Heranziehung ersichtlich keine Nachteile erlitten hat.

(4) Die Entschädigung wird für höchstens zehn Stunden je Tag gewährt.

§ 3. Entschädigung von Sachverständigen. (1) Sachverständige werden für ihre Leistungen entschädigt.

(2) [1] Die Entschädigung beträgt für jede Stunde der erforderlichen Zeit höchstens 30 Deutsche Mark. [2] Für die Bemessung des Stundensatzes sind der Grad der erforderlichen Fachkenntnisse, die Schwierigkeit der Leistung und besondere Umstände maßgebend, unter denen das Gutachten zu erarbeiten war; der danach höchste Stundensatz gilt für die gesamte erforderliche Zeit. [3] Die letzte, bereits begonnene Stunde wird

voll gerechnet; dies gilt jedoch nicht, soweit der Sachverständige für dieselbe Zeit in einer weiteren Sache zu entschädigen ist.

(3) [1] Die nach Absatz 2 zu gewährende Entschädigung kann bis zu 50 vom Hundert überschritten werden

a) für ein Gutachten, in dem der Sachverständige sich für den Einzelfall eingehend mit der wissenschaftlichen Lehre auseinanderzusetzen hat, oder

b) nach billigem Ermessen, wenn der Sachverständige durch die Dauer oder die Häufigkeit seiner Heranziehung einen nicht zumutbaren Erwerbsverlust erleiden würde oder wenn er seine Berufseinkünfte im wesentlichen als gerichtlicher oder außergerichtlicher Sachverständiger erzielt.

[2] Die Erhöhungen nach den Buchstaben a und b können nicht nebeneinander gewährt werden.

§ 4. **Zu berücksichtigende Zeit.** Bei Zeugen gilt als versäumt und bei Sachverständigen gilt als erforderlich auch die Zeit, während der sie ihrer gewöhnlichen Beschäftigung infolge ihrer Heranziehung nicht nachgehen können.

§ 5. **Besondere Verrichtungen.** [1] Soweit ein Sachverständiger oder ein sachverständiger Zeuge Verrichtungen erbringt, die in der Anlage bezeichnet sind, richtet sich die Entschädigung nach der Anlage*; daneben werden, wenn in der Anlage nichts anderes bestimmt ist, die Aufwendungen nach §§ 8, 11 ersetzt. [2] Außerdem sind die §§ 9, 10 anzuwenden; für die zusätzlich erforderliche Zeit wird eine Entschädigung von 15 Deutsche Mark für jede Stunde gewährt.

§ 6. **Zeugen und Sachverständige aus dem Ausland.** Zeugen und Sachverständigen, die ihren gewöhnlichen Aufenthalt im Ausland haben, können unter Berücksichtigung ihrer persönlichen Verhältnisse, insbesondere ihrer regelmäßigen Erwerbstätigkeit, nach billigem Ermessen höhere als die in den §§ 2 bis 5 bestimmten Entschädigungen gewährt werden.

§ 7. **Besondere Entschädigung.** (1) Haben sich die Parteien dem Gericht gegenüber mit einer bestimmten Entschädigung für die Leistung des Sachverständigen einverstanden erklärt, so ist diese Entschädigung zu gewähren, wenn ein ausreichender Betrag an die Staatskasse gezahlt ist.

(2) [1] Die Erklärung nur einer Partei genügt, wenn das Gericht zustimmt. [2] Vor der Zustimmung hat das Gericht die andere Partei zu hören. [3] Die Zustimmung und die Ablehnung der Zustimmung sind unanfechtbar.

* Abgedruckt nach § 17.

§ 8. **Ersatz von Aufwendungen.** (1) Dem Sachverständigen werden ersetzt

1. die für die Vorbereitung und Erstattung des Gutachtens aufgewendeten Kosten, einschließlich der notwendigen Aufwendungen für Hilfskräfte, sowie die für eine Untersuchung verbrauchten Stoffe und Werkzeuge;

2. für das schriftliche Gutachten der für Schreibgebühren im Gerichtskostengesetz bestimmte Betrag;

3. für Durchschläge, die auf Erfordern gefertigt worden sind, sowie für einen Durchschlag für die Handakten des Sachverständigen 0,25 Deutsche Mark für jede Seite;

4. die auf seine Entschädigung entfallende Umsatzsteuer.

(2) Absatz 1 Nr. 4 gilt nicht, wenn sich die Umsatzsteuer des Sachverständigen nach § 19 Abs. 1 bis 3 des Umsatzsteuergesetzes vom 29. Mai 1967 (Bundesgesetzbl. I S. 545) bemißt; in diesem Falle erhält der Sachverständige einen Ausgleich, der 4,17 vom Hundert seiner sonstigen Entschädigung beträgt.

§ 9. **Fahrtkosten, Wegegeld.** (1) Zeugen und Sachverständigen werden die notwendigen Fahrtkosten ersetzt.

(2) [1] Bei Benutzung von öffentlichen, regelmäßig verkehrenden Beförderungsmitteln werden die wirklichen Auslagen einschließlich der Kosten für die Beförderung des notwendigen Gepäcks bis zur Höhe der Tarife, bei Benutzung der Eisenbahn oder von Schiffen bis zum Fahrpreis der ersten Wagen- oder Schiffsklasse, ersetzt. [2] Der Ersatz der Beförderungsauslagen ist nach den persönlichen Verhältnissen des Zeugen oder Sachverständigen zu bemessen. [3] Die Mehrkosten für zuschlagpflichtige Züge werden erstattet.

(3) [1] Für Fußwege und bei Benutzung von anderen als den in Absatz 2 genannten Beförderungsmitteln werden für jedes angefangene Kilometer des Hin- und Rückwegs 0,25 Deutsche Mark gewährt. [2] Kann ein Hin- und Rückweg von zusammen mehr als zweihundert Kilometern mit öffentlichen, regelmäßig verkehrenden Beförderungsmitteln zurückgelegt werden, so gilt Satz 1 nur insoweit, als die Mehrkosten gegenüber der Benutzung von öffentlichen, regelmäßig verkehrenden Beförderungsmitteln durch eine Minderausgabe an Entschädigung ausgeglichen werden; jedoch ist die Entschädigung nach Satz 1 zu gewähren, wenn Fahrtkosten für nicht mehr als zweihundert Kilometer verlangt werden. [3] Kann der Zeuge oder Sachverständige wegen besonderer Umstände ein öffentliches, regelmäßig verkehrendes Beförderungsmittel nicht benutzen, so werden die nachgewiesenen Mehrauslagen ersetzt, soweit sie angemessen sind.

(4) Für Reisen während der Terminsdauer werden die Fahrtkosten nur insoweit ersetzt, als dadurch Mehrbeträge an Entschädigung erspart werden, die beim Verbleiben an der Terminstelle gewährt werden müßten.

(5) [1] Tritt der Zeuge oder Sachverständige die Reise zum Terminsort von einem anderen als dem in der Ladung bezeichneten oder der ladenden Stelle unverzüglich angezeigten Ort an oder fährt er zu einem anderen als zu diesem Ort zurück, so werden, wenn die dadurch entstandenen Gesamtkosten höher sind, höchstens die Kosten ersetzt, die für die Reise von dem in der Ladung bezeichneten oder der ladenden Stelle angezeigten Ort oder für die Rückreise zu diesem Ort zu ersetzen wären. [2] Mehrkosten werden nach billigem Ermessen ersetzt, wenn der Zeuge oder Sachverständige zu diesen Fahrten durch besondere Umstände genötigt war.

§ **10. Entschädigung für Aufwand.** (1) [1] Zeugen und Sachverständige erhalten für den durch Abwesenheit vom Aufenthaltsort oder durch die Wahrnehmung eines Termins am Aufenthaltsort verursachten Aufwand eine Entschädigung. [2] Die Entschädigung ist nach den persönlichen Verhältnissen des Zeugen oder Sachverständigen zu bemessen.

(2) [1] Die Entschädigung für den durch Abwesenheit vom Aufenthaltsort verursachten Aufwand soll nicht den Satz überschreiten, der Richtern in der Reisekostenstufe C nach den Vorschriften über die Reisekostenvergütung der Richter im Bundesdienst als Tagegeld zusteht. [2] Die Vorschriften, nach denen bei Reisen, die an demselben Kalendertag angetreten oder beendet werden, sich das Tagegeld vermindert oder ein Tagegeld nicht gewährt wird, gelten entsprechend. [3] Bei Abwesenheit bis zu fünf Stunden werden die notwendigen Auslagen bis zu 5 Deutsche Mark erstattet. [4] Mußte der Zeuge oder Sachverständige außerhalb seines Aufenthaltsortes übernachten, so erhält er hierfür Ersatz seiner Aufwendungen, soweit sie angemessen sind.

(3) Bei Terminen am Aufenthaltsort des Zeugen oder Sachverständigen sind Zehrkosten bis zu 5 Deutsche Mark für jeden Tag, an dem der Zeuge oder Sachverständige länger als vier Stunden von seiner Wohnung abwesend sein mußte, zu ersetzen.

§ **11. Ersatz sonstiger Aufwendungen.** [1] Auch die in den §§ 8 bis 10 nicht besonders genannten baren Auslagen werden, soweit sie notwendig sind, dem Zeugen oder Sachverständigen ersetzt. [2] Dies gilt besonders von den Kosten einer notwendigen Vertretung und für die Kosten notwendiger Begleitpersonen.

§ **12. Aufrundung.** Die dem Zeugen oder Sachverständigen zu zahlende Gesamtentschädigung wird auf zehn Deutsche Pfennig aufgerundet.

§ 13. Vereinbarung der Entschädigung. Mit Sachverständigen, die häufiger herangezogen werden, kann die oberste Landesbehörde oder die von ihr bestimmte Stelle eine Entschädigung im Rahmen der nach diesem Gesetz zulässigen Entschädigung vereinbaren.

§ 14.* Vorschuß. (1) Geladenen Zeugen und Sachverständigen ist auf Antrag ein Vorschuß zu bewilligen, wenn sie nicht über die Mittel für die Reise verfügen oder wenn ihnen, insbesondere wegen der Höhe der entstehenden Reisekosten, nicht zugemutet werden kann, diese aus eigenen Mitteln vorzuschießen.

* Vgl. die bundeseinheitlich erlassenen Bestimmungen über die Bewilligung von Reiseentschädigungen und Vorschußzahlungen an Zeugen und Sachverständige vom 12. 9. 1958: **Baden-Württemberg:** AV vom 20. 11. 1958 (Die Justiz S. 389); **Bayern:** Bek. vom 11. 12. 1958 (JMBl. S. 193); **Berlin:** AV vom 12. 12. 1958 (ABl. S. 1613, ber. 1959 S. 887); **Hessen:** RdErl. vom 14. 11. 1958 (JMBl. S. 101); **Niedersachsen:** AV vom 10. 10. 1958 (NdsRpfl. S. 223); **Nordrhein-Westfalen:** AV vom 16. 12. 1958 (JMBl. 1959 S. 5); **Rheinland-Pfalz:** LV vom 22. 12. 1958 (JBl. S. 128); **Saarland:** LV vom 1. 12. 1958 (JBl. 1959 S. 31); **Schleswig-Holstein:** AV vom 10. 10. 1958 (SchlHAnz. S. 310).

(2) Dem Sachverständigen ist ferner auf Antrag ein Vorschuß zu bewilligen, wenn er durch eine geforderte Leistung für eine zusammenhängende Zeit von wenigstens dreißig Tagen seiner regelmäßigen Erwerbstätigkeit ganz oder überwiegend entzogen wird oder wenn die Erstattung des Gutachtens bare Aufwendungen erfordert und dem Sachverständigen, insbesondere wegen der Höhe der Aufwendungen, nicht zugemutet werden kann, eigene Mittel vorzuschießen.

(3) § 16 gilt sinngemäß.

§ 15. Erlöschen des Anspruchs. (1) Zeugen und Sachverständige werden nur auf Verlangen entschädigt.

(2) Verlangt der Zeuge nicht binnen drei Monaten nach Beendigung der Zuziehung Entschädigung bei dem zuständigen Gericht oder bei der zuständigen Staatsanwaltschaft, so erlischt der Anspruch.

(3) [1] Das Gericht (§ 16 Abs. 1) kann den Sachverständigen auffordern, seinen Anspruch innerhalb einer bestimmten Frist zu beziffern. [2] Die Frist muß mindestens zwei Monate betragen. [3] In der Aufforderung ist der Sachverständige über die Folgen einer Versäumung der Frist zu belehren. [4] Die Frist kann auf Antrag vom Gericht verlängert werden. [5] Der Anspruch erlischt, soweit ihn der Sachverständige nicht innerhalb der Frist beziffert. [6] War der Sachverständige ohne sein Verschulden

verhindert, die Frist einzuhalten, so ist ihm auf Antrag Wiedereinsetzung in den vorigen Stand zu erteilen, wenn er innerhalb von zwei Wochen nach Beseitigung des Hindernisses den Anspruch beziffert und die Tatsachen, die die Wiedereinsetzung begründen, glaubhaft macht.

(4) § 196 Abs. 1 Nr. 17 des Bürgerlichen Gesetzbuchs bleibt unberührt.

§ 16. Gerichtliche Festsetzung. (1) [1] Die einem Zeugen oder Sachverständigen zu gewährende Entschädigung wird durch gerichtlichen Beschluß festgesetzt, wenn der Zeuge oder Sachverständige oder die Staatskasse die richterliche Festsetzung beantragt oder das Gericht sie für angemessen hält. [2] Zuständig ist das Gericht oder der Richter, von dem der Zeuge oder Sachverständige herangezogen worden ist. [3] Ist der Zeuge oder Sachverständige von dem Staatsanwalt herangezogen worden, so ist das Gericht zuständig, bei dem die Staatsanwaltschaft errichtet ist. [4] Das Gericht kann seine Festsetzung von Amts wegen ändern. [5] Schwebt das Verfahren wegen der Hauptsache oder wegen der Entscheidung über den für die Gerichtsgebühren maßgebenden Wert, den Kostenansatz oder die Kostenfestsetzung in der Rechtsmittelinstanz, so ist auch das Rechtsmittelgericht hierzu befugt.

(2) [1] Gegen die richterliche Festsetzung ist die Beschwerde zulässig, wenn der Wert des Beschwerdegegenstandes fünfzig Deutsche Mark übersteigt. [2] Beschwerdeberechtigt sind nur der Zeuge oder Sachverständige und die Staatskasse. [3] Eine Beschwerde an einen obersten Gerichtshof des Bundes ist nicht zulässig. [4] Die Beschwerde wird bei dem Gericht eingelegt, das die angefochtene Entscheidung erlassen hat. [5] Das Gericht kann der Beschwerde abhelfen.

(3) Anträge, Erklärungen und Beschwerden können zu Protokoll der Geschäftsstelle gegeben oder schriftlich ohne Mitwirkung eines Rechtsanwalts eingereicht werden.

(4) Entscheidungen nach Absatz 1, 2 wirken nicht zu Lasten des Kostenschuldners.

§ 17. Dolmetscher und Übersetzer. (1) Für Dolmetscher und Übersetzer gelten die Vorschriften dieses Gesetzes sinngemäß.

(2) Dolmetscher werden wie Sachverständige entschädigt.

(3) [1] Die Entschädigung für die Übertragung eines Textes aus einer Sprache in eine andere Sprache beträgt für die Zeile der schriftlichen Übersetzung, die durchschnittlich fünfzehn Silben enthält, 0,60 Deutsche Mark. [2] Bei der Übertragung von Fachtexten, insbesondere technischen oder medizinischen Gutachten, und bei sonstigen besonders schwierigen Übertragungen kann die Entschädigung bis auf 3 Deutsche Mark für eine Zeile erhöht werden.

Anlage (zu § 5)

Nr.	Bezeichnung der Verrichtung	Entschädigung in Deutsche Mark
1	Der Arzt, der eine Leiche, Teile einer Leiche oder eine Leibesfrucht besichtigt oder bei einer richterlichen Leichenschau mitwirkt, erhält hierfür und für seinen zur Niederschrift gegebenen Bericht . . .	20
	Für mehrere solcher Verrichtungen bei derselben Gelegenheit erhält der Arzt höchstens	55
	Sind Berichte schriftlich zu erstatten oder nachträglich zur Niederschrift zu geben, so erhält der Arzt für jeden Bericht	10
	höchstens	35
2	Jeder Obduzent erhält	
	a) für die Leichenöffnung	70
	b) für die Sektion von Teilen einer Leiche oder die Öffnung einer nicht lebensfähigen Leibesfrucht	35
	Erfolgt die Obduktion unter besonders ungünstigen äußeren Bedingungen, so beträgt die Entschädigung	
	zu a)	80
	zu b)	50
	Die Entschädigung umfaßt auch den zur Niederschrift gegebenen Bericht einschließlich des vorläufigen Gutachtens.	
3	Der Arzt erhält für die Ausstellung des Befundscheins oder die Erteilung einer schriftlichen Auskunft ohne nähere gutachtliche Äußerung	7 bis 20
	Bei einer außergewöhnlich umfangreichen oder zu außergewöhnlicher Zeit notwendigen Tätigkeit erhält der Arzt bis zu	40
4	Der Arzt erhält für das Zeugnis über einen ärztlichen Befund mit kurzer gutachtlicher Äußerung oder für ein Formbogengutachten, wenn sich die Fragen auf Vorgeschichte, Angaben und Befund beschränken und nur ein kurzes Gutachten erfordern	14 bis 28
	Bei einer außergewöhnlich umfangreichen oder zu außergewöhnlichen Zeit notwendigen Tätigkeit erhält der Arzt bis zu	60
5	Für die Untersuchung eines Lebensmittels oder eines Bedarfsgegenstandes, Arzneimittels und dgl. oder von Wässern oder Abwässern und eine kurze schriftliche, gutachtliche Äußerung beträgt die Entschädigung für jede Probe	8 bis 70

Anlage (zu § 5) Fortsetzung

Nr.	Bezeichnung der Verrichtung	Entschädigung in Deutsche Mark
	Bei außergewöhnlich umfangreichen Untersuchungen beträgt die Entschädigung bis zu	250
6	Für die mikroskopische, physikalische, chemische, bakteriologische, serologische Untersuchung, wenn das Untersuchungsmaterial von Menschen oder Tieren stammt, und eine kurze gutachtliche Äußerung, einschließlich des verbrauchten Materials an Farbstoffen und anderen geringwertigen Stoffen, beträgt die Entschädigung für jede Probe	8 bis 70
	Bei außergewöhnlich umfangreichen Untersuchungen beträgt die Entschädigung bis zu	250
7	Für die röntgenologische oder elektrophysiologische Untersuchung eines Menschen einschließlich einer kurzen gutachtlichen Äußerung beträgt die Entschädigung, auch wenn mehrere Aufnahmen erforderlich sind	8 bis 50
8	Bei Blutgruppenbestimmungen beträgt die Entschädigung für jede Blutprobe	
	a) für die Bestimmung von AB0-Blutgruppen . . .	10
	für die Bestimmung von Untergruppen	8
	b) für die MN-Bestimmung	8
	c) für die Bestimmung der Merkmale des Rh-Komplexes (C, C^W, c, D, E, e und weitere) je Merkmal	10
	bei derselben Blutgruppe je Person insgesamt höchstens	50
	d) für die Bestimmung der Blutgruppenmerkmale P, K, S und weitere, falls direkt bestimmbar, je Merkmal	10
	bei derselben Blutprobe je Person insgesamt höchstens	50
	e) für die Bestimmung nur indirekt nachweisbarer Merkmale (D^u, s, Fy und weitere) je Merkmal .	15
	bei derselben Blutprobe je Person insgesamt höchstens	50
	f) für den zusätzlich erforderlichen Titrationsversuch	14
	g) für den zusätzlich erforderlichen Spezialversuch (Absättigung, Bestimmung des Dosiseffekts usw.)	20
	h) für die Bestimmung der Typen der sauren Erythrozyten-Phosphatase einschließlich des verbrauchten Materials	20

Anlage (zu § 5) Fortsetzung

Nr.	Bezeichnung der Verrichtung	Entschädigung in Deutsche Mark
	i) für die Bestimmung der Phosphoglucomutasen .	20
	k) für die Bestimmung der Merkmale des Gm-Systems oder des Inv-Systems je Merkmal . . .	20
	bei derselben Blutprobe je Person ingesamt höchstens	60
	l) für die Bestimmung von Haptoglobintypen einschließlich des verbrauchten Materials	20
	m) für die Bestimmung der Gruppe Gc	20
	n) für das schriftliche Gutachten	10
	Die Entschädigung nach den Buchstaben a bis g, i, k und m umfaßt das verbrauchte Material, soweit es sich um geringwertige Stoffe handelt.	
9	Für jede Blutentnahme beträgt die Entschädigung .	4
	Die Entschädigung umfaßt auch eine Niederschrift über die Feststellung der Identität.	
	Bei einer Blutentnahme zu außergewöhnlicher Zeit oder unter außergewöhnlichen Umständen beträgt die Entschädigung, soweit nicht dem Sachverständigen eine Erhöhung nach Nummer 3 Abs. 2 oder Nummer 4 Abs. 2 wegen einer Tätigkeit zu außergewöhnlicher Zeit gewährt wird, bis zu	25
	Bei erbbiologischen Abstammungsgutachten nach den anerkannten erbbiologischen Methoden beträgt die Entschädigung	
	a) für die Leistung des Sachverständigen	
	aa) wenn bis zu drei Personen untersucht werden	400
	bb) für die Untersuchung jeder weiteren Person	100
	b) für die bei der Vorbereitung und Erstattung des Gutachtens aufgewendeten Kosten	
	aa) wenn bis zu drei Personen untersucht werden	120
	bb) für die Untersuchung jeder weiteren Person	30
	Hat der Sachverständige Einrichtungen einer Körperschaft, Anstalt oder Stiftung des öffentlichen Rechts benutzt, so erhält er die Entschädigung nach Buchstabe b nur bis zur Höhe der tatsächlich aufgewendeten Kosten, höchstens jedoch die Beträge nach Buchstabe b.	
	Die Entschädigung nach den Buchstaben a und b umfaßt die gesamte Tätigkeit des Sachverständigen und etwaiger Hilfspersonen, insbesondere die Unter-	

Anlage (zu § 5) Fortsetzung

Nr.	Bezeichnung der Verrichtung	Entschädigung in Deutsche Mark
	suchung, die Herstellung der Lichtbilder einschließlich der erforderlichen Abzüge, die Herstellung von Abdrücken, etwa notwendige Abformungen und dgl. sowie die Auswertung und Beurteilung des gesamten Materials; sie umfaßt ferner die Post- und Fernsprechgebühren sowie die Kosten für die Anfertigung des schriftlichen Gutachtens in drei Stücken und für einen Durchschlag für die Handakten des Sachverständigen.	
	Die Entschädigung umfaßt nicht die Kosten für Verrichtungen nach den Nummern 6, 7, 8, 9 und die Kosten für die Begutachtung etwa vorhandener erbpathologischer Befunde durch Fachärzte.	

6. Verzeichnis der Sachverständigen für Blutgruppengutachten Stand: 1. Januar 1974

Baden-Württemberg

7570 Baden-Baden

Dr. *Dietrich Kasulke,* Leiter der blutgruppenserologischen Abteilung der Blutspendezentrale Baden-Baden des DRK-Blutspendedienstes Baden-Württemberg, Gunzenbachstraße 35, Tel. 0 72 21 / 2 43 73 und 2 44 55.

7800 Freiburg (Breisgau)

Dr. *Klaus Bender,* Institut für Humangenetik und Anthropologie der Universität, Albertstraße 11, Tel. 07 61 / 2 03 46 56. – Prof. Dr. *Balduin Forster,* Direktor des Instituts für gerichtliche Medizin und Versicherungsmedizin der Universität, Albertstraße 9, Tel. 07 61 / 2 03 46 83. – Prof. Dr. *Konrad Hummel,* Hygiene-Institut der Universität, Hermann-Herder-Straße 11, Tel. 07 61 / 2 03 21 67. – Dr. *Max Matthes,* Leitender Arzt des Blutspendedienstes der Universitätsklinik, Hugstätterstraße 55, Tel. 07 61 / 2 01 34 71.

6900 Heidelberg

Prof. Dr. *Friedrich Wilhelm Brauss,* Direktor des Hygiene-Instituts der Universität, Thibautstraße 2, Tel. 0 62 21 / 53 23 55. – Prof. em. Dr. *Ernst Krah,* Institut für Immunologie und Serologie der Universität, Voßstraße 2, Tel. 0 62 21 / 53 23 80. – Prof. Dr. *Klaus Rother,* Direktor des Instituts für Immunologie und Serologie der Universität, Voßstraße 2, Tel. 0 62 21 / 53 26 53. – Prof. Dr. *Georg Schmidt,* Direktor des Instituts für gerichtliche Medizin der Universität, Voßstraße 2, Tel. 0 62 21 / 2 22 82.

7100 Heilbronn (Neckar)

Priv.-Doz. Dr. *Hermann Krieg,* Chefarzt der Städt. Frauenklinik, Am Gesundbrunnen, Tel. 0 71 31 / 4 20 42.

7000 Stuttgart

Dr. *Heinrich Braun,* Medizinisches Landesuntersuchungsamt Stuttgart 1, Azenbergstraße 16, Tel. 07 11 / 2 05 01. – Dr. *Hans Haug,* Dozent u. Ärztlicher Direktor des Klinisch-Chemischen Instituts des Katharinenhospitals Stuttgart 1, Kriegsbergstraße 60, Tel. 07 11 / 2 03 41 und 69 23 69. – Dr. *Herbert Kolb,* Ärztlicher Direktor der Blutzentrale des Katharinenhospitals Stuttgart 1, Kriegsbergstraße 60, Tel. 07 11 / 20 34 - 8 40. – Dr. *Hans Mayser,* Ministerialdirigent a. D., Stuttgart 75, Oelschlägerstraße 8, Tel. 07 11 / 47 27 55. – Dr. *Hans Nuding,* Medizinisches Landesuntersuchungsamt Stuttgart 1, Azenbergstraße 16, Tel. 07 11 / 2 05 01. – Prof. Dr. *Joachim Rauschke,* Leiter des Gerichtsmedizinischen Instituts am Gesundheitsamt der Stadt Stuttgart, Stuttgart 1, Weimarstraße 30, Tel. 07 11 / 24 91 69 71.

7400 Tübingen

Prof. Dr. Dr. *Horst Ritter,* Direktor des Instituts für Anthropologie und Humangenetik der Universität, Schloß, Tel. 0 70 71/ 71 21 89. – Dr. *Jakob Schmitt,* Dozent, Institut für Anthropologie und Humangenetik der Universität, Schloß, Tel. 0 70 71/ 71 21 89.

7900 Ulm (Donau)

Prof. Dr. Dr. *Helmut Baitsch,* Rektor der Universität, Grüner Hof 5 c, Tel. 07 31 / 17 83 25.

Bayern

8501 Altenberg bei Nürnberg

Dr. *Hermann Martin,* Stettiner Straße 12, Tel. 09 11 / 69 25 91.

8800 Ansbach

Dr. med. *Siegfried Schulze,* Facharzt für Bakteriologie und Serologie, Ringstraße 87, Tel. 0 93 83 / 73 59.

8750 Aschaffenburg

Prof. Dr. *Manfred Kienholz,* Laborarzt, Frohsinnstraße 29, Tel. 0 60 21 / 2 82 44.

8900 Augsburg

Dr. *Max Furthmüller,* Medizinaldirektor, Facharzt für Laboratoriumsdiagnostik, ärztl. Leiter der Blutbank und des hämatolog. Laboratoriums beim Krankenhauszweckverband Augsburg, Langemarckstraße 11, Tel. 08 21 / 32 45 01. – Prof. Dr. *Albert Schretzenmayr,* Facharzt für innere Krankheiten, Prinzregentenstraße 1, Tel. 08 21 / 2 92 43.

8060 Dachau

Dr. *Ingeborg-Maria Gräfin von Schall-Riaucour,* Fachärztin für innere Krankheiten, Münchener Straße 44, Tel. 0 81 31 / 33 43.

8520 Erlangen

Dr. Karl *Theo Schricker,* Privatdozent, Leiter der Zentralen Blutbank, Krankenhausstraße 12, Tel. 0 91 31 / 85 33 22. – Prof. Dr. *Hans-Bernhard Wuermeling,* Direktor des Instituts für Rechtsmedizin der Universität Erlangen, Nürnberg, Universitätsstraße 22, Tel. 0 91 31 / 85 22 72.

8399 Griesbach (Rottal)

Dr. med. *Franz Josef Ferstl,* Chefarzt des Kreiskrankenhauses, Weinzierler Straße 20, Tel. 0 85 32 / 4 01.

8070 Ingolstadt

Dr. *Siegwart Spranger,* Facharzt für Laboratoriumsmedizin, Milchstraße 9, Tel. 08 41 / 3 20 44.

8756 Kahl (Main)

Dr. *Gudrun E. Gathof,* Ostring 10 (Postfach 91), Tel. 06 11 / 65 11 91 oder 0 93 72 / 50 81.

8960 Kempten

Prof. Dr. *Richard Haas,* Direktor des Hygienischen Instituts der Universität Freiburg, Leiter des Med.-Diagn. Instituts, Augartenweg 20, Postfach Nr. 2052, Tel. 08 31 / 7 33 57.

8000 München

Prof. Dr. *Johann Jungwirth,* Institut für Rechtsmedizin der Universität, München 15, Frauenlobstraße 7, Tel. 0 89 / 26 70 31 und 26 70 32. – Dr. *Rudolf Lipp,* Leitender Arzt des südbayerischen Blutspendedienstes der Stadt München, Facharzt für Laboratoriumsdiagnostik, Dachauer Straße 90, Tel. 0 89 / 5 20 72 10. – Dr. *Gerd Poetschke,* Privatdozent für Bakteriologie und Hygiene, Facharzt für Laboratoriumsdiagnostik, München 22, Wagmüllerstraße 21, Tel. 0 89 / 22 48 41. – Dr. med. habil. *Ludwig Hubert Rasch,* Facharzt für Laboratoriumsdiagnostik, München 15, Lessingstr. 6, Tel. 0 89 / 53 95 57. – Dr. *Alfred Schmiedel,* Leitender Arzt des Bakteriologisch-Serologischen Inst. im Städt. Krankenhaus Harlaching, München 90, Sanatoriumsplatz 2, Tel. 0 89 /

6 21 04 80. – Prof. Dr. Dr. *Friedrich Schwarzfischer,* Inst. für Anthropologie und Humangenetik d. Univ., München 2, Richard-Wagner-Straße 10, Tel. 0 89 / 5 20 33 81. – Prof. Dr. *Wolfgang Spann,* Direktor des Instituts für Rechtsmedizin der Universität, München 15, Frauenlobstraße 7a, Tel. 0 89 / 26 70 31. – Dr. *Karl Friedrich Steigner,* Arzt für Laboratoriumsmedizin, Leiter der Medizinischen Untersuchungsstelle der Bundeswehr VI, München 40, Tengstraße 9/II., Tel. 0 89 / 39 10 45. – Dr. *Albrecht Walcher,* Facharzt für Laboratoriumsdiagnostik, München 2, St.-Pauls-Platz 9, Postfach 202 627, Tel. 0 89 / 53 21 29. – Prof. Dr. Dr. *Gerfried Ziegelmayer,* Komm. Leiter des Instituts für Anthropologie und Humangenetik der Universität, München 2, Richard-Wagner-Straße 10, Tel. 0 89 / 5 20 33 81.

8500 Nürnberg

Dr. *Hans-Lothar Ehrhardt,* Facharzt für allgemeine Pathologie und pathologische Anatomie, Königstraße 85 (Postfach 669), Tel. 09 11 / 57 52 80. – Dr. *Kurt Heindl,* Facharzt für Laboratoriumsdiagnostik, Bogenstraße 32, Tel. 09 11 / 44 13 05.

8400 Regensburg

Dr. *Anneliese Bär,* Fachärztin für Laboratoriumsdiagnostik, Gerlichstraße 8a, Tel. 09 41 / 5 22 26. – Dr. *Gerhard Hofmann,* Großprüfening Nr. 17a, Tel. 09 41 / 2 55.88. – Dr. *Werner Titze,* Oberregierungsmedizinalrat an der Staatlichen Bakteriologischen Untersuchungsanstalt, Landshuter Straße 22, Tel. 09 41 / 5 10 21.

8200 Rosenheim

Dr. *Jutta-Resi Böttger,* Fachärztin für Laboratoriumsmedizin, Salinstraße 16, Tel. 0 80 31 / 3 56 25. (Die Sachverständige ist auch unter der Anschrift „Schweinfurt, Am Sand 10“, zu erreichen.)

8714 Wiesentheid

Dr. *Josef Alt,* Dipl.-Chemiker, Facharzt für Laboratoriumsdiagnostik, Leitender Arzt der klinisch-chemischen und biochemischen Abteilung des Blutspendedienstes des Bayerischen Roten Kreuzes, Tel. 0 93 83 / 2 73-5 und 09 31 / 5 01 11 oder 5 01 12. – Dr. *Karl Graf von Schönborn,* Facharzt für Laboratoriumsdiagnostik, Schloßplatz 1, Tel. 0 93 83 / 2 06 oder 2 05.

8700 Würzburg

Dr. *Adolf Georg Gathof,* Facharzt für Laboratoriumsdiagnostik, Chefarzt des Blutspendedienstes des Bayerischen Roten Kreuzes München, Klinikstraße 5 (Postfach 546), Tel. 09 31 / 5 01 11 oder 5 01 12, und 0 93 83 / 2 73-5. – Prof. Dr. *Wolfgang Schwerd,* Vorstand des Instituts für Rechtsmedizin der Universität, Versbacher Landstraße 3, Tel. 09 31 / 2 13 80.– Dr. *Alois Weber,* Facharzt für Laboratoriumsmedizin, Veitshöchheimer Straße 2, Tel. 09 31 / 5 52 28. – Dr. *Dieter Wiebecke,* Privatdozent, Leiter d. Abt. für Transfusionsmedizin und Immunhaematologie an der Chirurg. Universitätsklinik, Josef-Schneider-Straße 2, Tel. 09 31 / 20 15 18.

Berlin

Dr. med. *Günter Abel,* Facharzt für Laboratoriumsdiagnostik im Institut Dr. med. *A. Schmidt-Burbach,* 1000 Berlin 30, Potsdamer Straße 192, Tel. 0 30 / 2 16 25 14 (2 16 24 09). – Prof. Dr. *Walter Krauland,* Direktor des Instituts für gerichtliche und soziale Medizin der Freien Universität, 1000 Berlin 33, Hittorfstraße 18, Tel. 0 30 / 8 38 33 49. – Dr. med. *Wolfgang Martin,* Wiss. Rat bei der Laboratoriumsgruppe für Blutgruppenforschung und Blutspendewesen im Robert-Koch-Institut, 1000 Berlin 65, Nordufer 20, Tel. 0 30 / 4 50 31. – Dr. *Fred v. Müller,* Medizinalrat am Medizinaluntersuchungsamt III Berlin, 1000 Berlin 47 (Buckow), Juchatzweg 1, Tel. 0 30 / 6 01 80 56. – Dr. *Adam Schmidt-Burbach,* 1000 Berlin 30, Potsdamer Straße 192, Tel. 0 30 / 2 16 25 14 (erstattet keine Gutachten mehr). – Dr. med. *Maike Smerling,* Wiss. Assistentin am Institut für Rechtsmedizin der Freien Universität Berlin, 1000 Berlin 33, Hittorfstraße 18, Tel. 0 30 / 8 38 36 83. – Dr. med. *Wilhelm Weise,* Leiter der Laboratoriumsgruppe für Blutgruppenforschung und Blutspendewesen im Robert-Koch-Institut, 1000 Berlin 65, Nordufer 20, Tel. 0 30 / 4 50 33 34.

Bremen

Dr. med. *Mechthild Fischer,* Akademische Oberrätin am Staatlichen Hygiene-Institut, 2800 Bremen, St.-Jürgen-Straße, Tel. 04 21 / 44 92 54 49. – Prof. Dr. *Christian van Marwyck,* Direktor des Staatlichen Hygiene-Instituts, 2800 Bremen, St.-Jürgen-Straße, Tel. 04 21 / 44 92 54 41. – Dr. *Bernhard Warnecke,* Leiter der serologischen Abteilung des Staatlichen Hygiene-Instituts, 2800 Bremen, St.-Jürgen-Straße, Tel. 04 21 / 44 92 52 42. – Dr. *Hans Zöckler,* Leiter des Bluttransfusionsdienstes, Zentralkrankenhaus, St.-Jürgen-Straße, Tel. 04 21 / 44 92 34 10.

Hamburg

Priv.-Doz. Dr. *Bernd Brinkmann,* Institut für gerichtliche Medizin und Kriminalistik der Universität, 2000 Hamburg 54, Butenfeld 34, Tel. 040 / 4 68 30 85. – Prof. Dr. *Konrad Fischer,* Leiter der Abteilung für klinische Immunpathologie des Universitäts-Krankenhauses Eppendorf, 2000 Hamburg 20, Martinistraße 52, Tel. 040 / 46 81. – Prof. em. Dr. *Erich Fritz,* Institut für gerichtliche Medizin und Kriminalistik der Universität, 2000 Hamburg 54, Butenfeld 34, Tel. 0 40 /

4 68 30 85. – Prof. Dr. *Werner Goedde,* Direktor des Instituts für Humangenetik der Universität, 2000 Hamburg 54, Butenfeld 32, Tel. 0 40 / 46 85 94. – Dr. *Windemut Henning,* Wissenschaftliche Oberrätin am Zentralinstitut für das Bluttransfusionswesen der Gesundheitsbehörde Hamburg 76, Friedrichsberger Straße 60, Tel. 0 40 / 20 15 51, 5 73. – Dr. *Ludwig Hirth,* Wissenschaftlicher Oberrat des Instituts für Humangenetik der Universität, 2000 Hamburg 54, Butenfeld 32, Tel. 0 40 / 46 87 98. – Priv.-Doz. Dr. *Hans Hermann Hoppe,* Direktor des Zentralinstituts für das Bluttransfusionswesen der Gesundheitsbehörde Hamburg, 2000 Hamburg 76, Friedrichsberger Straße 60, Tel. 0 40 / 20 15 51.

Hessen

6530 Bad Nauheim

Prof. Dr. med. *Felix von Bormann,* Med. Diagn. Institut, Burgallee 20, Tel. 0 60 32 / 39 11, 39 12, 39 13.

6340 Dillenburg

Dr. med. *Wolfram Werner,* Med. Direktor, Direktor d. Staatl. Med. Unters.-Amtes, Wolframstraße 23, Tel. 0 27 71 / 52 16.

6000 Frankfurt

Prof. Dr. med *Joachim Gerchow,* Geschäftsf. Direktor, Zentrum der Rechtsmedizin im Klinikum der Joh. Wolfg. Goethe-Univ., Frankfurt 70, Kennedy-Allee 104, Tel. 06 11 / 63 01, 75 53. – Prof. Dr. med. *Günther Heymann,* Paul-Ehrlich-Institut, Frankfurt 10, Paul-Ehrlich-Straße 42/44, Tel. 06 11 / 6 02 51. – Dr. med. *Anna Kreplin,* Fachärztin für innere Krankheiten, Feuerbachstraße 23, Tel. 06 11 / 72 71 38. – Prof. Dr. med. *Karl Luff,* Leiter der Abt. Rechtsmedizin II im Fachbereich Humanmedizin der Universität, Frankfurt 70, Kennedy-Allee 104, Tel. 06 11 / 63 01, 75 58. – Dr. med. *Karl Wilhelm Schmidtmann,* Labor f. Blutgruppen-Serologie, Frankfurt-Eschersheim, Dehnhardtstraße 23, Tel. 06 11 / 52 62 12. – Prof. Dr. *Siegfried Seidl,* Blutspendedienst Hessen des DRK, Frankfurt 10, Sandhofstraße 1, Tel. 06 11 / 67 91 31. – Prof. Dr. med. *Willy Spielmann,* Direktor des Blutspendedienstes Hessen des DRK, Frankfurt 10, Sandhofstraße 1, Tel. 06 11 / 67 91 31.

6230 Frankfurt-Höchst

Dr. med. *Walter Fritzsche,* Chefarzt d. Zentrallabors, Städt. Krankenhaus, Gotenstraße 6–8, Tel. 06 11 / 31 00 71.

6400 Fulda

Prof. Dr. med *Martin Krüpe,* ehem. Direktor d. Staatl. Med. Unters.-Amtes, Ellerstr. 5, Tel. 06 61 / 28 69.

6300 Gießen

Dr. med. *Georg-Wilhelm Orth,* Facharzt für Labor-Med., An der Johanneskirche 5, Postfach 6120, Tel. 06 41 / 7 20 21.

3550 Marburg/Lahn

Prof. Dr. med. *Wilhelm Schiff,* Hyg. Inst. d. Universität, Pilgrimstein 2, Tel. 0 64 21 / 69 21 45. – Prof. Dr. med. *Franz Schleyer,* Direktor d. Inst. f. Rechtsmedizin der Universität, Emil-Mannkopff-Straße 2, Tel. 0 64 21 / 69 40 61. – Prof. Dr. med. *Gerhard Wendt,* Direktor d. Inst. f. Humangenetik der Universität, Robert-Koch-Straße 7, Tel. 0 64 21 / 69 40 80.

6200 Wiesbaden

Dr. med. *Heinz Roser,* Ltd. Arzt d. Med. Unters.-Stelle der Städt. Kliniken, Schwalbacher Straße 81, Tel. 0 61 21 / 38 61, App. 3 09.

Niedersachsen

2960 Aurich

Dr. *Richard Meyer,* Leiter des Staatlichen Medizinal-Untersuchungsamtes, Hoheberger Weg 8, Tel. 0 49 41 / 26 21.

3300 Braunschweig

Prof. Dr. *Ludwig Popp,* Leiter des Staatlichen Medizinal-Untersuchungsamtes, Hallestraße 1, Tel. 05 31 / 6 22 31.

3400 Göttingen

Prof. Dr. *Steffen Berg,* Institut für Rechtsmedizin der Universität, Geiststraße 7, Tel. 05 51 / 4 10 27. – Dr. *Ernst-Heinrich Gallasch,* Leiter des Blutspendedienstes d. Univers.-Kliniken, Kreuzbergring 57, Tel. 05 51 / 3 12 26.

3380 Goslar

Dr. *Franz Heinen,* Facharzt für Laboratoriumsdiagnostik, Berliner Allee 14a, Tel. 0 53 21 / 2 24 84.

3250 Hameln

Dr. *Helmut Peter,* Facharzt für Laboratoriumsdiagnostik, Falkestraße 1, Tel. 0 51 51 / 34 11.

3000 Hannover

Dr. *Friedrich-Karl Blumenberg,* Facharzt für Laboratoriumsdiagnostik, Königstraße 34, Tel. 05 11 / 2 02 71. – Prof. Dr. *Helmuth Deicher,* Medizinische Hochschule, Abteilung für Klinische Immunologie und Bluttransfusionswesen, Karl-Wiechert-Allee 9, Tel. 05 11 / 53 21. – Dr. med. *Walter Höpken,* Med. Oberrat, Facharzt für Labormedizin, Stellv. Leiter d. Staatl. Med. Untersuchungsamtes Hannover, Auestraße 30, Tel. 05 11 / 44 43 71. – Dr. *Hans Richter,* Anthropologische Forschungs- und Gutachterstelle, Osterstraße 57, Tel. 05 11 / 2 02 26. – Akad. Rat Dr. *Walter Stangel,* Facharzt für Innere Medizin, Medizinische Hochschule Hannover, Abteilung für klinische Immunologie und Bluttransfusionswesen, Karl-Wiechert-Allee 9, Tel. 05 11 / 5 32 - 20 84. – Dr. habil. *Rudolf Wohlrab,* Leiter des Staatlichen Medizinal-Untersuchungsamtes, Auestraße 30, Tel. 05 11 / 44 43 71.

3200 Hildesheim

Dr. *Hans Gross,* Facharzt für Laboratoriumsdiagnostik, Institut für Diagnostik und experimentelle Medizin, Zingel 12, Tel. 0 51 21 / 3 44 12. – Dr. *Hans Günter Gross,* Facharzt für Laboratoriumsmedizin, Institut für Diagnostik und experimentelle Medizin, Zingel 12, Tel. 0 51 21 / 3 44 12.

3140 Lüneburg

Dr. *Helmut Seidenstücker,* Staatliches Medizinal-Untersuchungsamt, Wilschenbrucher Weg 6, Tel. 0 41 31 / 4 50 18 und 3 15 13.

2900 Oldenburg (Oldb.)

Prof. Dr. med. *Erich Kröger,* Leiter des Landes-Hygiene-Instituts, Huntestraße 12, Tel. 04 41 / 2 72 84.

4500 Osnabrück

Dr. *Walter Loos,* Staatliches Medizinal-Untersuchungsamt, Alte Poststraße 11, Tel. 05 41 / 2 73 41 und 2 73 72.

2130 Rotenburg (Han)

Hiltrud Kneiphoff, Diplombiologin, Blutspendedienst der Landesverbände des Deutschen Roten Kreuzes Niedersachsen, Braunschweig, Oldenburg und Bremen, Postfach 426, Tel. 0 42 61 / 30 21. – Dr. *Volker Nagel,* Chefarzt des Blutspendedienstes der Landesverbände des Deutschen Roten Kreuzes Niedersachsen, Braunschweig, Oldenburg und Bremen, Facharzt f. Labor-Medizin, Postfach 426, Tel. 0 42 61 / 30 21.

3257 Springe

Dr. *Heinz Schmitt,* Ärztlicher Leiter des Instituts Springe des DRK-Blutspendedienstes Niedersachsen, Eldagsener Straße, Tel. 0 50 41 / 30 41.

Nordrhein-Westfalen

5100 Aachen

Prof. Dr. *Heinz Schweitzer,* Vorstand der Abteilung Gerichtsmedizin der Medizinischen Fakultät der Rhein.-Westf. Techn. Hochschule,

Lochnerstraße 4–20, Tel. 02 41 / 4 22 26 00-02. – Dr. *Karl-Hans Stürner,* Akad. Direktor des Blutspendedienstes der klinischen Anstalten der Rhein.-Westf. Techn. Hochschule, Goethestraße 27/29, Tel. 02 41 / 40 11, App. 5 40.

5060 Bensberg bei Köln

Prof. Dr. *Peter Dahr,* Overrather Straße 62, Tel. 0 22 04 / 32 43.

4630 Bochum

Prof. Dr. *Walter Scholz,* Wiss. Rat, Abteilung für naturwissenschaftliche Medizin der Universität, Arbeitsgruppe Humangenetik, MA-01, Universitätsstraße, Postfach 2148, Tel. 0 23 21 / 71 56 00.

5300 Bonn

Prof. Dr. *Herbert Elbel,* Direktor des Instituts für Gerichtliche Medizin der Universität, Stiftsplatz 12, Tel. 0 22 21 / 73 83 10. – Dr. *Christian Rittner,* Institut für Gerichtliche Medizin der Universität, Stiftsplatz 12, Tel. 0 22 21 / 73 83 10.

4600 Dortmund

Dr. *Helmut Adamek,* Städt. Medizinaldirektor, Hygiene-Institut der Stadt, Hövelstraße 8, Tel. 02 31 / 5 42 32 90. – Dr. *Hermann Haase,* Direktor des Inst. f. Blutspendewesen d. Städt. Kliniken, Alexanderstraße 30, Tel. 02 31 / 1 49 11, Nbst. 7 00. – Prof. Dr. *Theodor Lammers,* Direktor des Hygiene-Instituts der Stadt, Hövelstraße 8, Tel. 02 31 / 5 42 25 36. – Dr. *Hans-Joachim Starck,* Medizinaldirektor, Leiter des Gerichtsmediz. Instituts der Stadt, Eisenmarkt 3, Tel. 02 31 / 5 42 25 34.

4000 Düsseldorf

Dr. Dr. *Peter Grünwald,* Genetische Forschungsstelle, Düsseldorf, Bergische Landstraße 2. – Prof. Dr. *Kurt Hoffmann,* Direktor des Hygienisch-Bakteriologischen Landesuntersuchungsamtes „Nordrhein", Auf'm Hennekamp 70, Tel. 02 11 / 34 20 75. – Prof. Dr. *Rudolf Manz,* Direktor des Instituts für gerichtliche Medizin der Universität, Moorenstraße 5, Tel. 02 11 / 23 86-88.

4100 Duisburg

Dr. *Hermann Greiner,* Privatdozent, Ltd. Stadtmedizinaldirektor, Leiter des Instituts für gerichtliche und soziale Medizin der Stadt, Werrastr. 12, Tel. 0 21 31 / 28 13 27 83.

4300 Essen

Dr. *Otto Schriever,* Obermedizinalrat, Institut für medizinische Mikrobiologie, Robert-Koch-Haus, Hufelandstraße 55, Tel. 02 01 / 72 83 10.

5800 Hagen (Westf.)

Dr. *Waldemar Schneider*, DRK-Blutspendedienst, Postfach 360, Tel. 0 23 31 / 8 20 41.

5000 Köln

Prof. Dr. *Friedrich Wilhelm Bube*, Reg.-Medizinaldirektor, Leiter der Blutspendezentrale der Universitätskliniken, Köln-Lindenthal, Josef-Stelzmann-Straße 9, Tel. 02 21 / 4 78 48 69. – Prof. Dr. *Günther Dotzauer*, Direktor des Instituts für gerichtliche Medizin der Universität, Köln 30, Melatengürtel 60/62, Tel. 02 21 / 4 78 / 42 81. – Prof. Dr. *Otto Guthof*, Leiter des Blutspendedienstes der Stadt Köln-Braunsfeld, Kitschburger Straße 228, Tel. 02 21 / 2 09 33 01. – Dr. *Manfred Kindler*, Facharzt für Laboratoriumsdiagnostik, Hansaring 12, Tel. 02 21 / 21 72 23. – Prof. Dr. *Gerhard Pulverer*, Direktor des Hygiene-Instituts der Universität, Köln-Lindenthal, Fürst-Pückler-Straße 56, Tel. 02 21 / 43 43 75.

5750 Menden (Sauerl.)

Dr. med. *Heinz Paas*, Leitender Arzt des Zweiginstituts Menden des Hygiene-Instituts des Ruhrgebiets, Galbreite 26, Tel. 0 23 73 / 69 21.

4400 Münster (Westf.)

Prof. Dr. *Paul vor dem Esche*, Wiss. Rat für med. Serologie und Blutgruppenkunde, Hygiene-Institut der Universität, Scheffer-Boichorst-Straße 25, Tel. 02 51 / 49 01. – Dr. *Harald Fiedler*, Oberregierungsmedizinalrat a. D., DRK-Blutspendedienst, Sperlichstraße 15, Tel. 02 51 / 7 71 48. – Prof. em. Dr. *Albert Ponsold*, Institut für gerichtliche Medizin der Universität, Von-Esmarch-Straße 86, Tel. 02 51 / 8 13 74. – Prof. Dr. *Hans Wolfgang Sachs*, Von-Bodelschwingh-Straße 10, Tel. 02 51 / 4 90 51 53.

5600 Wuppertal-Barmen

Dr. *Hubert Preuß*, Med. Direktor, Direktor des Hygienisch-Bakteriologischen Instituts der Stadt Wuppertal, Heusnerstraße 40, Tel. 0 21 21 / 56 65 00 und 56 62 62.

Rheinland-Pfalz

6550 Bad Kreuznach

Dr. *Heinz Bitz*, Leitender Arzt des DRK-Blutspendedienstes Rheinland-Pfalz, Burgweg, Tel. 06 71 / 23 37.

6750 Kaiserslautern

Dr. *Bernd Gumbel*, Institut für Rechtsmedizin, Maxstraße 13, Tel. 06 31 / 6 35 09 (7 25 09).

5400 Koblenz

Dr. *Siegfried Tittel,* Leiter eines Blutgruppen- und serologischen Instituts, Facharzt für Innere Medizin, Mainzer Straße 10, Tel. 02 61 / 3 15 52.

6700 Ludwigshafen (Rhein)

Dr. *Elmar von Haxthausen,* Leiter des Zentral-Laboratoriums und der Blutbank der Städtischen Krankenanstalten, Bremserstraße 79, Tel. 06 21 / 5 03 - 2 69. – Prof. Dr. *Carl Heinz Velten,* Leiter des Pathologischen Instituts der Städtischen Krankenanstalten, Bremserstraße 79, Tel. 06 21 / 50 31.

6500 Mainz

Dr. *Anny Arndt-Hanser,* Medizinaldirektorin, Leiterin der Transfusionszentrale der Universitätskliniken, Hochhaus Augustusplatz, Tel. 0 61 31 / 19 32 10. – Prof. Dr. *Horst Leithoff,* Direktor des Instituts für Rechtsmedizin der Universität, Langenbeckstraße 1, Tel. 0 61 31 / 19 23 87. – Prof. Dr. *Franz Petersohn,* Abteilungsvorsteher am Institut für Rechtsmedizin der Universität, Langenbeckstraße 1, Tel. 0 61 31 / 19 23 87.

Saarland

6650 Homburg (Saar)

Prof. Dr. med. *Ekkehard Tiesler,* Wissenschaftl. Rat, Facharzt f. Laborat.-Medizin, Institut für Hygiene und Mikrobiologie der Universität, Tel. 0 68 41 / 16 23 81. – Prof. Dr. med. *H. J. Wagner,* Institut für Rechtsmedizin der Universität des Saarlandes, Tel. 0 68 41 / 16 23 05. – Prof. Dr. *Reinhard Wigand,* Facharzt für Laboratoriumsdiagnostik, Abteilungsvorsteher am Institut für Hygiene und Mikrobiologie der Universität des Saarlandes, Tel. 0 68 41 / 16 31 98 und 16 31 99. – Prof. Dr. Dr. *Wilhelm Zimmermann,* Facharzt für Laboratoriumsdiagnostik, Direktor des Instituts für Hygiene und Mikrobiologie der Universität des Saarlandes, Tel. 0 68 41 / 16 22 63 / 64.

6600 Saarbrücken

Dr. *Beni von Boros,* Facharzt für Laboratoriumsdiagnostik, Obermedizinalrat, Staatliches Institut für Hygiene und Infektionskrankheiten, Tel. 06 81 / 59 65. – Prof. Dr. *Ludwig Wolff,* Facharzt für Laboratoriumsdiagnostik, Direktor des Staatlichen Instituts für Hygiene und Infektionskrankheiten, Tel. 06 81 / 59 65.

Schleswig-Holstein

2300 Kiel

Prof. Dr. *Horst Gärtner,* Direktor des Hygiene-Instituts der Christian-Albrechts-Universität, Brunswiker Straße 2–6, Tel. 04 31 / 5 97 25 68 (erstattet keine Gutachten mehr). – Prof. Dr. *Oskar Grüner,* Direktor des Instituts für gerichtliche und soziale Medizin der Christian-Albrechts-Universität, Hospitalstraße 17–19, Tel. 04 31 / 5 97 25 20. – Dr. *Karl-Günther Heide,* Wissenschaftlicher Assistent am Institut für gerichtliche und soziale Medizin der Christian-Albrechts-Universität, Hospitalstraße 17–19, Tel. 04 31 / 5 97 - 26 68 oder 5 97 - 25 03. – Prof. Dr. Dr. *Hans Wilhelm Jürgens,* Anthropologisches Institut der Christian-Albrechts-Universität, Olshausenstraße 40–60, Angerbau Gebäude A 1, Tel. 04 31 / 5 93 27 91. – Prof. Dr. *Volkmar Sachs,* Leiter der Blutspendezentrale beim Hygiene-Institut der Christian-Albrechts-Universität, Brunswiker Straße 2–6, Tel. 04 31 / 5 97 25 68 und 5 97 25 71. – Prof. Dr. *Emmanuel Steigleder,* Institut für gerichtliche und soziale Medizin der Christian-Albrechts-Universität, Hospitalstraße 17–19, Tel. 04 31 / 5 97 25 22.

2400 Lübeck

Prof. Dr. med. *Helmut Berndt,* Leiter der Abteilung für Immunologie und Bluttransfusion der Medizinischen Akademie, Ratzeburger Allee 160, Tel. 04 51 / 50 01 23 91. – Prof. Dr. *Rudolf Preuner,* Direktor des Instituts für Hygiene und medizinische Mikrobiologie der Medizinischen Akademie, Ratzeburger Allee 160, Tel. 04 51 / 50 01 - 23 89. – Prof. Dr. med. Dipl.-Chem. *Otto Pribilla,* Direktor des Instituts für Rechtsmedizin der Medizinischen Akademie, Ratzeburger Allee 160, Tel. 04 51 / 50 01 - 28 03.

7. Muster eines Blutgruppengutachtens mit einem Ausschluß und einem positiven Hinweis

Blgr.-AZ: An

in ______________________

In Sachen

Aktenzeichen erstatte ich ein

Blutgruppengutachten

auf Ersuchen des Gerichtes vom gemäß Beweisbeschluß

vom , Blatt der Gerichtsakten.

Die Entnahme- und Eingangstage sowie der Zustand der Blutproben sind aus den anliegenden Niederschriften zu den Blutentnahmen zu ersehen, aus denen auch hervorgeht, wie die Probanden durch vorgelegte Ausweise, eigenhändige Unterschriften und Fingerabdrücke identifiziert worden sind.

Folgende Befunde wurden erhoben

Probanden	Erbmerkmale d. Blutkörperchen				Fermentsysteme SEP PGM 1 ADA	Erbmerkmale d. Serums		
	ABO	MNSs	Rh	P, K, Duffy		Hp	Gc	Gm Inv(1)
Kind St. E. geb. am Prot. Nr.	0	MM ss	CcD.Ee C^w neg.	P pos. K neg. Fy(a-b+)	SEP: BB PGM: 2-1 ADA: 1-1 AK : 1-1	1-1	2-1	Gm(1-) Gm(2-) InV(1-)
Kindesmutter Th. E. Prot. Nr.	B	MN ss	C^wcD.Ee C^wpos.	P neg. K neg. Fy(a-b+)	SEP: BB PGM: 2-2 ADA: 1-1 AK : 1-1	2-1	1-1	Gm(1-) Gm(2-) InV(1-)
XXXXXXX Kläger H. E. Prot. Nr.	0	MN Ss	ccddee C^wneg.	P neg. K neg. Fy(a+b+)	SEP: AA PGM: 1-1 ADA: 1-1 AK : 1-1	2-1	2-1	Gm(1+) Gm(2-) InV(1-)
1. Zeuge W. Sch. Prot. Nr.	A_1	MM ss (abs.)	C^wCD.ee C^wpos.	P pos. K neg. Fy(a+b+)	SEP: BB PGM: 2-1	1-1	2-2	Gm(1+) Gm(2-) InV(1-)
2. Zeuge Prot. Nr.								

Auswertung und Begutachtung umseitig

Es wird versichert, daß die Untersuchungen nach den Richtlinien für die Ausführung gerichtlicher Blutgruppenuntersuchungen des Bundesgesundheitsamtes durchgeführt wurden.

Begutachtung

Ein Kind muß je eines der paarig angelegten Gene von je einem Elternteil geerbt haben, dabei kann eine rezessive Erbanlage durch ein dominantes Merkmal (z. B. 0 durch A) verdeckt sein. Eine Ausschlußmöglichkeit wäre dann gegeben, wenn sich in einem der verschiedenen Blutgruppensysteme eines oder mehrere Merkmale finden, die nicht von der Mutter stammen können und auch bei dem Eventualvater oder Mehrverkehrszeugen nicht nachweisbar bzw. (unter Berücksichtigung seiner Eltern) nicht möglich sind.

Ein etwaiger Ausschluß hat auch dann Gültigkeit, wenn er nur in einem der verschiedenen Systeme erfolgt, da die Vererbung der Blutkörperchenmerkmale bzw. der Serumeiweißgruppen unabhängig voneinander erfolgt.

Wenn man im vorliegenden Falle die Blutgruppenformeln von Kind und Kindesmutter vergleicht, dann ergibt sich, daß beim Kind folgende Gene vom Erzeuger stammen müssen (unerläßliche väterliche Erbeigenschaft = uvE), weil sie entweder beim Kind reinerbig, also doppelt vorkommen, oder aber spalterbig nur beim Kind, nicht aber bei der Mutter nachweisbar sind:

uvE.: 0 - (Ms) - (C..) - P - Fy^b - Hp^1 - Gc^2 - SEP^B - PGM^1

Häufigkeit in der Bevölkerung ca. 4,7%

Ausschlußwahrscheinlichkeit für Nichtväter nach HUMMEL ca. 93%

Ausschlußwahrscheinlichkeit für Nichtväter nach ZIMMERMANN ca.95%

Da der Kläger H.E. weder ein Gen für C noch für SEP^B noch für P an das Kind vererbt haben kann, ist es

unmöglich,

daß er der Erzeuger des Kindes St.E. ist.

Dagegen sind diese Merkmale der uvE bei dem Mehrverkehrszeugen alle nachweisbar bzw. (rezessives 0 neben dominantem A) möglich. Es ist demnach

nicht offenbar unmöglich,

daß W.Sch. der Erzeuger des Kindes St.E. ist.

Bei der Frage, ob er auch in positivem Sinne der Erzeuger sein könnte, wurde bei der Anwendung des Verfahrens nach ESSEN-MÖLLER, das von Terzetten Kind-Mutter-Eventualvater unter Annahme eines Verhältnisses von wahren Vätern zu Nichtvätern X:Y von 1:1 ausgeht, ein Logarithmus von 8,7448 gefunden. Dies entspricht einer "Vaterschaftsplausibilität" von ca. 95% und bedeutet

Vaterschaft wahrscheinlich.

Damit ergibt sich eine Irrtumswahrscheinlichkeit, d.h. von hundert positiven Hinweisen gleicher Art könnten 5 falsch sein.

Zur Absicherung dieser statistischen Ergebnisse wurde daneben das 1960 von STUTZ u. ZIMMERMANN angegebene und von ZIMMERMANN u. KAISER 1972 weiterentwickelte Binomialverfahren angewendet, das von einem Mutter-Kind-Vergleich ausgeht und daraus wie oben ausgeführt die unerläßliche väterliche Erbeigenschaft (uvE) feststellt. Läßt die Seltenheit der uvE in der Bevölkerung die Vermutung zu, daß ein Mann, bei dem die uvE gefunden wurde, der wahre Erzeuger dieses Kindes sein könnte, dann kann diese Vermutung durch eine biostatistische Berechnung erhärtet werden, die auf der Grundlage beruht, daß man durch das Verfahren zahlreicher, fortgesetzter, gedachter Stichproben

aus der gesamten Bevölkerung mittels der Binomialformel die Wahrscheinlichkeit berechnet, wie oft der gefundene uvE-Träger der wahre Vater ist (="Vaterschaftsplausibilität"), wie oft man wahrscheinlich einen wahren Vater nicht als solchen erkennt und fälschlich in die Gruppe der Nichtväter einordnet (Fehler 1. Art nach NEYMAN u. PEARSON) oder wie oft man wahrscheinlich von einem falschen Mann behauptet, daß er der Vater sei (Fehler 2. Art). Da neben dem in Anspruch genommenen Eventualvater (EV) und neben dem benannten Mehrverkehrszeugen auch ein dritter im Prozeß nicht genannter Mann der tatsächliche Erzeuger sein könnte, umfasst die zu untersuchende Stichprobe demnach n = 2 bzw. 3 Männer.

Im vorliegenden Falle beträgt die

Wahrscheinlichkeit eines richtigen Ergebnisses:	98,8%	(für n = 2)
	97,6%	(für n = 3)
Der Fehler 1. Art nach NEYMAN u. PEARSON:	1,2%	(für n = 2)
	2,4%	(für n = 3)
Der Fehler 2. Art nach NEYMAN u. PEARSON:	1,2%	(für n = 2)
	2,4%	(für n = 3)

Daraus ergibt sich, daß die

Vaterschaft des W.Sch. wahrscheinlich ist.

Damit stimmen beide biostatistischen Verfahren in ihren Schlußfolgerungen überein.

8. Stichwortregister